1일
1단어
1분으로 끝내는
클래식공부

1일 1단어 1분으로 끝내는 클래식공부

초판 1쇄 발행 2024년 1월 25일
초판 2쇄 발행 2024년 6월 5일

지은이 이상인
펴낸이 김종길
펴낸 곳 글담출판사 **브랜드** 글담출판

기획편집 이경숙 · 김보라 **영업** 성홍진 **홍보** 김지수
디자인 손소정 **관리** 이현정

출판등록 1998년 12월 30일 제2013-000314호
주소 (04029) 서울시 마포구 월드컵로8길 41 (서교동 483-9)
전화 (02) 998-7030 **팩스** (02) 998-7924
블로그 blog.naver.com/geuldam4u **이메일** geuldam4u@geuldam.com

ISBN 979-11-91309-54-6 (44080)
       979-11-91309-15-7 (세트)

* 책값은 뒤표지에 있습니다.
* 잘못된 책은 바꾸어 드립니다.

만든 사람들
책임편집 김보라 **디자인** 손소정 **교정교열** 상상벌리

글담출판에서는 참신한 발상, 따뜻한 시선을 가진 원고를 기다리고 있습니다.
원고는 아래의 투고용 이메일을 이용해 보내주세요. 여러분의 소중한 경험과 지식을 나누세요.
이메일 to_geuldam@geuldam.com

1일

 ×

1단어

 ×

1분 으로 끝내는

 ×

클래식공부

이상인 지음

글담출판

오래 살아남은 음악의 가치

클래식을 '클래식'이라고 부르는 이유

예전에 한국이 낳은 유명한 첼리스트 장한나 씨의 인터뷰를 본 적이 있습니다. '클래식의 대중화'에 대한 의견을 묻는 자리였는데 그의 답이 인상적이었습니다. "저는 아이들이 클래식만 듣고 자라길 원하지 않아요. 다만 아이들에게 '무슨 음악 들을래?' 하고 물었을 때 가요, 팝, 재즈와 함께 클래식도 선택지 중 하나가 되었으면 좋겠어요."

어느새 훌쩍 커서 청소년이 되어버린 제 딸을 보며, 그리고 학교에서 척박한 교육 현실에 놓인 중고생들을 자주 만나면서 저도 같은 생각을 했습니다. "모차르트 교향곡 40번 제목은?", "멘델스존 바이올린 협주곡 조성은?", "경기 민요와 서도 민요의 특징은?" 같은 재미없는 문제로 가득 찬 음악 교과서를 달달 외우게 하는 것 말고 클래식 그 자체를 즐기게 해주면 좋겠다고요. 세상에 차고 넘치는 좋은 음악을 알려주는 것만으로도 평생 함께할 친구를 소개해 주는 것 아닐까요?

저는 어려서부터 클래식을 공부했지만, 클래식 외에 가요, 팝, 재즈, 국악 등 다양한 음악을 좋아합니다. 그리고 어느 음악이든 아티스트가 공들여 만들고 연주하는 음악은 모두 빛나는 가치가 있다고 생각합니다.

프랑스 작곡가 드뷔시의 피아노곡 〈달빛〉의 감수성과 색채감도 놀랍지만, 예능 프로그램 〈싱 어게인 1〉에서 우승한 이승윤 님의 〈달이 참 예쁘다고〉의 감성적인 멜로디와 정서도 참 좋아합니다. 청소년 여러분이 좋아하는 대중음악, 특히 아이돌의 음악에도 멋진 곡이 참 많지요. 저도 아이돌 음악을 즐겨 듣는데 그중에서도 BTS의 무대를 보면 예술성과 완성도에 혀를 내두를 때가 많습니다.

애니메이션 〈하울의 움직이는 성〉에 나오는 〈인생은 회전 목마〉를 들으며 주책없게도 눈물이 살짝 났던 적도 있습니다. 대학교 때 우연히 후배가 연주하는 대금 연주곡 〈청성자진한잎〉을 들을 기회가 있었습니다. 국악에 대해 문외한이었지만 연주 내내 숲내음과 바람소리를 가득 느낄 수 있었습니다. 이러한 음악들은 제 인생에 선물과 같은 음악이 되어 저와 함께하고 있지요.

저에게 다양한 음악들이 인생의 친구로 함께 가고 있듯이 지금처럼 유튜브가 발달하지 않았고, 악보 필사조차 쉽지 않던 시절에도 사람들 사이에서 끝까지 잊히지 않고 사랑받았던 음악들이 있습니다. 우리는 그것을 '클래식 음악'이라고 하지요. 클래식 음악을 '클래식', 즉 '고전'이라고 부르는 이유는 시대를 초월해 여전히 사람들의 마음을 울리는 무언가가 있기 때문입니다.

클래식이라고 무조건 길고 지루하지 않답니다. 길이가 짧은 소품도 많고, 그 안에 아름다운 멜로디와 수많은 이야기들이 숨어 있습니다. 조금의 팁만 알면 클래식 역시 여러분의 친구가 될 수 있습니다. 이 책을 다 읽을 때쯤 '클래식이 졸리고 지루한 음악만 있는 게 아니었네? 오늘은 공부할 때 이런 음악을 한 번 들어 봐야겠다'라고 생각하는 분이 있다면 참 감사하고 행복할 것 같습니다. 그럼, 이제 새로운 친구가 될 클래식으로의 여행을 시작해 보겠습니다.

이상인

차 례

1장   클래식 입문

2장 클래식 기초

3장 클래식 역사

4장 클래식 음악가들

5장 클래식 뒷이야기

1장

클래식 입문

- ☑ 팸플릿
- ☐ 공연장 매너
- ☐ 오케스트라 공연
- ☐ 오케스트라 배치
- ☐ 조율
- ☐ 지휘자
- ☐ 피아니스트
- ☐ 소나타
- ☐ 교향곡
- ☐ 실내악
- ☐ 협주곡
- ☐ 모음곡
- ☐ 변주곡
- ☐ 가곡
- ☐ 오페라
- ☐ 칸타타와 오라토리오

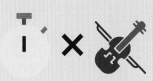

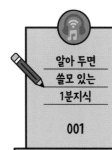

팸플릿

복잡해 보이는 연주회 팸플릿은
어떻게 읽을까?

큰마음을 먹고 음악회를 보러 갔다고 상상해 볼까요? 음악회장에 들어서니, 매표소 앞에 팸플릿이 쌓여 있습니다. 팸플릿을 펴 보니 오늘 연주할 프로그램 소개가 나옵니다. 작곡가 이름과 곡명인 것 같은데 이해하기가 쉽지 않네요. 옆에 제시한 실제 팸플릿을 자세히 살펴보면서 팸플릿 읽는 방법을 알아봅시다. 2023년 4월 있었던 김인하 첼리스트의 연주회 팸플릿입니다.

모르는 용어가 많지요? 그러나 걱정하지 마세요. 인터넷에 곡목을 검색하면 보통 곡에 대한 설명까지 자세히 나옵니다. 음악 용어 또한 검색하면 뜻을 쉽게 찾을 수 있습니다.

첫 곡은 리스트의 작품으로 곡명인 리베스트라움Liebestraum은 '사랑의 꿈'이라는 뜻입니다. 〈사랑의 꿈〉 제3번을 연주하는군요. 이 곡은 원래 가곡이었는데 대중의 큰 사랑을 받으면서 피아노나 첼로 같은 악기로 편곡하여 연주하게 되었습니다.

두 번째 곡은 쇼팽 첼로 소나타입니다. 그 밑에 적힌 로마자 Ⅰ, Ⅱ, Ⅲ, Ⅳ는 이 곡이 네 개의 곡으로 이뤄졌음을 뜻합니다. 소나타는 보통 세 개나 네 개의 곡을 한 세트로 연주하는데, 각 곡을 '악장'이라고 부릅니다. 네 개의 악장으로 되어 있으면 1악장, 2악장, 3악장, 4악장이라고 부르지요.

로마자 옆에 적힌 말은 곡의 템포, 분위기, 형식 혹은 제목을 의미합니다. 클래식 음악 발전에 있어 이탈리아가 오랜 기간 주도적인 역할을 했으므로 음악 용어는 이탈리아어로 된 것이 많습니다. 1악장 알레그로 모데라토Allegro moderato는 조금 빠르게, 2악장 스케르초Scherzo는 빠르고 익살스러운 곡을 뜻합니다. 3악장 라르고Largo는 느리고 폭넓게 연주하라는 뜻이고, 4악장은 피날레, 알레그로Finale, Allegro로서 빠르고 화려하게 끝납니다.

두 번째 곡이 끝나면 쉬는 시간인 '인터미션Intermisssion'입니다. 쉬는 시간은 10~15분 정도이며 이때는 연주회장 밖으로 나갈 수 있습니다. 재입장하려면 티켓이 꼭 필요하니 가지고 나가는 것 잊지 마세요.

Program

F. Liszt (1811-1886)
Liebestraum No. 3 in A-flat major for Cello and Piano

F. Chopin (1846-1847)
Sonata for Cello and Piano in G minor, Op. 65
I. Allegro moderato
II. Scherzo
III. Largo
IV. Finale. Allegro

Intermission

E. Grieg (1843-1907)
Sonata for Cello and Piano in A minor, Op. 36
I. Allegro agitato
II. Andante molto tranquillo
III. Allegro molto e marcato

첼로 공연 팸플릿 예시

2부에서는 그리그 첼로 소나타를 연주하네요. 역시 로마자로 악장이 표시되어 있습니다. 이 작품은 총 3악장까지 있습니다. 그런데 로마자 옆에 나와 있는 음악 용어가 좀 깁니다. 좀 더 자세히 작곡가가 악보에 지시한 경우입니다. 1악장 알레그로 아지타토Allegro agitato는 빠르고 격하게 연주하라는 뜻입니다. 2악장 안단테 몰토 트란퀼로Andante molto tranquillo는 느리고 고요하게 연주하라는 뜻이요. 3악장 알레그로 몰토 에 마르카토Allegro molto e marcato는 빠르게 한 음 한 음 정확히 연주하라는 뜻입니다.

미리 프로그램을 찾아본 후 연주회에 가서 음악을 듣는다면 훨씬 재미있답니다.

⏱ 1-1
리스트, 〈사랑의 꿈〉 3번 Op. 64
독일 시인 프라일리그라트의 시 〈사랑할 수 있는 한 사랑하라〉에 곡을 붙여 만든 가곡을 다시 피아노곡으로 편곡한 작품. 이 곡을 들으면 노인이 다시 젊어진다는 이야기가 있을 정도로 아름다운 곡으로, 첼로 또는 바이올린으로도 연주됩니다.

공연장 매너

클래식 공연 관람할 때 박수는
언제 쳐야 할까?

클래식 음악회를 다녀온 많은 분들이 이야기하는 고충 중 하나는 도대체 박수를 언제 쳐야 할지 모르겠다는 것입니다. 음악이 분명히 끝났다고 생각해서 박수를 쳤는데, 자기 외에 아무도 박수를 치지 않으면 무척 민망하겠지요? 클래식 음악회에서 박수 치는 타이밍을 아는 방법이 있습니다. 바로 프로그램에 나와 있는 곡목을 잘 살펴보는 것입니다.

옆에 제시한 바이올린 연주회의 프로그램을 살펴봅시다. 곡목 아래 로마자를 보면 이 작품이 몇 곡으로 구성되어 있는지 알 수 있습니다. 첫 번째 곡인 모차르트 바이올린 소나타는 로마자가 Ⅰ, Ⅱ만 적혀 있지요? 2악장으로 구성된 곡이라는 뜻입니다. 알레그로Allegro로 시작하는 1악장이 끝나면 곡이 끝났다고 생각하기 쉽습니다. 그러나 이때 박수를 치면 안 됩니다. 연주자는 잠깐 숨을 고른 후 바로 미뉴에트 템포Tempo di minuetto로 2악장을 연주할 것입니다. 1악장과 2악장은 한 세트이므로 2악장이 끝난 후에 박수를 쳐야 합니다. 그래야 전체 곡의 흐름이 끊기지 않습니다.

두 번째 곡은 슈만의 아내인 클라라 슈만의 작품입니다. 로마자가 Ⅲ까지 있으니 세 곡을 연주하겠군요. 그렇다면 세 번째 곡이 끝난 후에 박수를 치면 됩니다. 세 번째 로베르트 슈만의 작품 또한 세 곡으로 구성되었습니다. 중간에 곡이 끝난 것 같아 박수를 치고 싶더라도 꾹 참으세요.

인터미션, 즉 쉬는 시간을 가진 뒤 두 번째 무대에서는 프랑크의 소나타를 연주합니다. 이번에는 로마자가 Ⅳ까지 있네요. 따라서 4악장까지 모두 연주한 후에 박수를 치면 됩니다. 만약 아직 프로그램을 읽는 데 익숙지 않고, 언제 박수를 쳐야 할지 헷갈린다면 연주자가 일어나서 인사할 때 치면 됩니다.

공연이 모두 끝난 후 관객이 연주자에게 앙코르를 청할 때도 박수를 칩니다. 관객이 계속 박수를 치면 연주자는 감사의 뜻으로 앙코르 곡을 연주합니다. 보통 연주자는 앙코르 곡을 한두 곡 정도 준비해 둡니다. 앙코르 곡을 연주했는데도 관객들이 계속 박수를 치면 두 번째 앙코르 곡을 연주하기도 합니다. 더 이상 연주자가 무대에 오르지 않고 관객석에 불이 켜지면 음악회가 다 끝난 것입니다.

덧붙여 한 가지 더 말씀드리면 공연 시작 전에 반드시 휴대전화의 전원을 끄고 옷이나 가방에 잘 보관하기를 바랍니다. 연주 중 울리는 휴대전화 소리는 물론 휴대전화가 바닥에 떨어지며 내는 둔탁한 소음 또한 연주자뿐 아니라 관객에게도 몰입에 방해가 되니 주의해야 합니다.

Wolfgang Amadeus Mozart (1756-1791)
Violin Sonata in e minor, K.304
  I. Allegro
  II. Tempo di menuetto

Clara Schumann (1819-1896)
3 Romances for Violin and Piano, Op.22
  I. Andante molto
  II. Allegretto: Mit zartem Vortrage
  III. Leidenschaftlich schnell

Robert Schumann (1810-1856)
3 Romanzen, Op.94
  I. Nicht schnell
  II. Einfach, innig
  III. Nicht schnell

INTERMISSION

César Franck (1822-1890)
Violin Sonata in A Major, FWV 8
  I. Allegretto ben moderato
  II. Allegro
  III. Recitativo-Fantasia: Ben moderato
  IV. Allegretto poco mosso

바이올린 연주회의 프로그램

⏱ 2-1
클라라 슈만, 〈바이올린과 피아노를 위한 3개의 로만스〉, Op. 22
유명 작곡가인 슈만의 아내였던 클라라 슈만 역시 19세기 가장 유명한 여류 피아니스트였습니다. 당시 작곡은 남성만이 할 수 있는 영역이었습니다. 그러나 그녀는 남편의 응원을 받으며 작곡을 시도했습니다. 이 작품은 서정적이고 차분한 분위기의 곡입니다.

⏱ 2-2
로베르트 슈만, 〈3개의 로만스〉 중 2번, Op. 94
슈만은 가족력으로 우울증을 앓습니다. 1848년 우울증이 좀 나아지자 이 곡을 작곡했습니다. 원래 오보에로 연주하도록 작곡되었으나 요즘은 바이올린으로도 많이 연주합니다. 차분한 도입부와 불안한 중간 부분이 대조를 이룹니다.

오케스트라 공연

오케스트라 공연은 어떤 순서로 진행될까?

오케스트라 공연은 보통 1, 2부로 나뉩니다. 1부 첫 곡으로는 오페라나 발레의 서곡을 연주하거나 한 악장짜리 오케스트라 작품인 교향시를 연주합니다.

서곡은 무대를 여는 곡이라는 뜻입니다. 오페라나 발레 공연에서 본격적으로 막이 오르기 전에 전체 분위기를 암시하는 곡을 연주하는데 이것이 서곡입니다. 교향시란 문학작품, 풍경 등 음악 외적인 주제를 자유로운 형식의 관현악으로 표현한 악곡입니다. 예를 들어 리스트는 셰익스피어의 『햄릿』을 읽고 독후감을 쓰듯 교향시〈햄릿〉을 작곡했습니다.

두 번째 곡으로는 협주곡을 연주합니다. 협주곡은 오케스트라 반주로 독주 악기가 연주하는 형식의 악곡입니다. 3악장으로 구성되며, 빠른 악장→느린 악장→빠른 악장의 순서로 연주합니다.

1부가 끝나면 보통 15분간 쉬는 시간(인터미션)이 있습니다.

2부에는 교향곡을 연주합니다. 교향곡은 작곡가가 가장 심혈을 기울여 작곡하는 장르입니다. 긴 소설을 쓰듯 작곡가는 자신의 역량을 쏟아 부어 교향곡을 씁니다. 짧

3-1

베토벤, 〈에그몬트 서곡〉 Op. 84
베토벤은 괴테를 존경했으며, 괴테의 비극 『에그몬트』의 연극 음악을 작곡했습니다. 그중 가장 자주 연주되는 곡입니다.

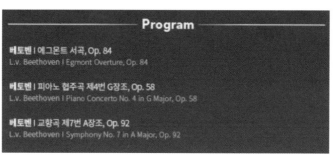

Program

베토벤 | 에그몬트 서곡, Op. 84
L.v. Beethoven | Egmont Overture, Op. 84

베토벤 | 피아노 협주곡 제4번 G장조, Op. 58
L.v. Beethoven | Piano Concerto No. 4 in G Major, Op. 58

베토벤 | 교향곡 제7번 A장조, Op. 92
L.v. Beethoven | Symphony No. 7 in A Major, Op. 92

오케스트라 공연 프로그램 예

은 것은 3악장, 긴 것은 5악장 이상인 것도 있지만 보통 4악장으로 구성됩니다. 일반 적으로 1악장은 빠른 곡, 2악장은 느린 곡, 3악장은 중간 정도 빠른 곡, 4악장은 빠른 곡으로 연주합니다.

위의 사진은 실제 오케스트라 공연의 프로그램입니다. 모든 곡이 베토벤 작품으로 구성되어 있습니다. 첫 번째 곡은 〈에그몬트 서곡〉입니다. 두 번째 곡은 피아노 협주곡 4번입니다. 쉬는 시간을 가진 후 2부에서 베토벤 교향곡 7번을 연주합니다.

오케스트라 공연의 순서와 구성 양식을 알고 나니, 이제 프로그램의 흐름을 이해 할 수 있겠지요?

⊘ 3-2
베토벤, 피아노 협주곡 4번 Op. 58, 2악장
베토벤이 36세에 작곡한 이 곡은 인간의 본질에 대한 내면적인 고찰이 담겨 있습니다. 초연 당시 비엔나 청중은 이 곡의 높은 수준을 이해하지 못했지만, 훗날 멘델스존이 재발굴해 적극적으로 연주함으로써 세상에 널리 알려졌습니다.

⊘ 3-3
베토벤, 교향곡 7번 Op. 92, 2악장
이 곡을 작곡할 당시 이미 베토벤은 귀가 안 들리기 시작했습니다. 그럼에도 이 곡은 초연 당시부터 많은 사랑을 받을 만큼 아름다운 선율이 매우 인상적인 곡입니다. 20여 편의 영화와 드라마 음악으로도 사용되었습니다.

오케스트라 배치

오케스트라의 악기는
무엇을 기준으로 배치할까?

오케스트라에서 악기의 자리를 정할 때 첫 번째 기준은 소리가 작고, 크기가 작은 악기는 앞에 배치한다는 것입니다. 현악기는 관악기보다 음량이 작은 편이기 때문에 앞자리에 배치합니다.

한국의 오케스트라에서는 보통 제1 바이올린-제2 바이올린-비올라-첼로(첼로 뒤에 더블베이스) 순서로 현악기를 배치합니다. 이렇게 앉으면 주선율을 연주하는 제1 바이올린과 화음으로 제1 바이올린을 보조하는 제2 바이올린이 함께 있어서 서로 소리를 맞추기가 좋습니다. 간혹 제2 바이올린이 제1 바이올린에 비해 실력이 부족하다고 오해하는데, 오히려 제2 바이올린 주자는 제1 바이올린을 보조하며 화음이나 리듬 파트를 연주하므로 제1 바이올린 못지않은 중요한 역할입니다.

바이올린 연주자들 중 맨 앞에, 객석과 제일 가까운 쪽에 앉는 사람을 '악장'이라고 부릅니다. 오케스트라의 리더로서 바이올린 연주자들의 주법을 결정합니다. 지휘자와 단원 사이에서 양쪽이 원활히 소통하도록 돕는 다리 역할도 합니다.

관악기는 현악기 뒤에 배치합니다. 현악기 주자보다 인원수가 적어서 악기당 2~6명인데, 그만큼 혼자 짊어져야 할 몫이 크지요. 현악기가 마치 합창단처럼 오케스트라의 선율을 이끌어 간다면, 관악기는 거기에 화려한 색깔을 입혀 줍니다.

타악기는 악기의 사이즈와 음량이 모두 크기 때문에 맨 뒤에 위치합니다. 전체 곡에서 타악기가 나오는 부분이 적기 때문에 어떤 사람들은 타악기 연주자가 심심할

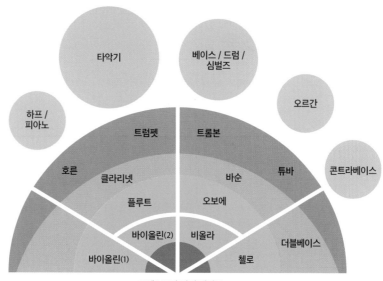

오케스트라 자리 배치도

거라고 생각합니다. 그러나 타악기 연주자들은 자신이 연주하지 않을 때에도 음악을 들으며 열심히 마디를 셉니다. 또 여러 가지 타악기를 다루어야 하고 연주 중에 악기를 세팅해야 하므로 생각보다 매우 바쁩니다.

대체로 이 같은 기준에 따라 악기를 배치하지만 곡이나 지휘자에 따라 악기의 위치가 조금씩 달라지기도 합니다. 연주자 수는 곡에 따라 많아지거나 적어집니다. 일반적으로 하이든, 모차르트가 활동한 고전주의 시대까지 오케스트라의 규모는 40여 명 정도였으나 19세기 낭만주의에 들어서면서 오케스트라 단원의 수가 늘었습니다. 후기 낭만주의의 대표적인 작곡가 말러는 자그마치 천 명의 연주자가 연주하는 교향곡 8번 〈천인 교향곡〉을 작곡하기도 했답니다.

4-1

말러, 교향곡 8번 〈천인 교향곡〉 중 피날레 '신비의 합창'
이 교향곡에는 자그만치 1,000여 명의 연주자가 등장합니다. 교향곡이지만 처음부터 끝까지 성악과 합창이 함께합니다. 1부는 중세 라틴어 성가, 2부는 괴테 『파우스트』에서 파우스트가 구원받는 장면을 노래하는 독특한 구성을 갖추고 있습니다.

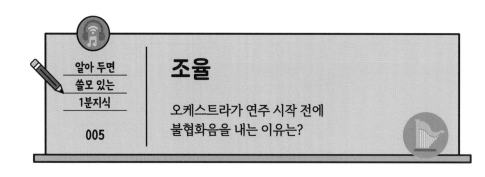

알아 두면
쓸모 있는
1분지식

005

조율

오케스트라가 연주 시작 전에
불협화음을 내는 이유는?

오케스트라 연주회에 가서 객석에 앉아 있는데 단원들이 차례차례 들어오더니, 갑자기 한 연주자가 '삐~' 하고 소리를 냅니다. 그러자 현악기 연주자들이 활을 움직이며 다양한 소리를 내고, 관악기 연주자들도 각자 알 수 없는 음을 내기 시작합니다. 여기저기서 시끄러운 불협화음이 들립니다. '뭐야, 시작부터 서로 안 맞는 거야?'

속으로 실망하는 찰나, 단원들이 악기를 바로 잡고 자세를 곧추세웁니다. 그때 지휘자가 등장합니다. 지휘자가 인사를 하고, 관객들의 박수가 잦아들면 본격적으로 공연이 시작됩니다. 공연에 앞서 연주자들은 무엇을 한 걸까요?

'삐~~' 하고 소리를 낸 악기는 바로 목관 악기인 오보에입니다.

오보에가 '라' 음을 내면 이 음에 맞춰 오케스트라의 모든 단원이 자신의 악기를 조율(음을 맞게 조절하고 고르는 짓)합니다. 악기는 습도와 온도에 매우 민감해서 주변 환경에 따라 소리가 달라집니다. 예를 들어 습도가 높아 바이올린 줄이 미세하게 늘어나면 음이 낮아집니다. 무대에 오르기 전에 미리 조율을 해도 소리가 변할 수 있습니다. 그래서 연주 직전에 오케스트라 단원들은 오보에의 소리에 맞춰 자신의 악기 소리를 점검하고 조율하는 것입니다.

그렇다면 왜 많은 악기 중 오보에의 소리를 기준으로 할까요? 오보에의 음색이 깨끗하고 정확하며, 멀리까지 잘 들려서 많은 단원들이 그 소리를 듣고 기준을 삼아 조율하기가 편하기 때문입니다.

오보에를 연주하는 모습

오보에가 연주하는 '라' 음을 주파수로 표시하면 440Hz(주파수의 단위, 헤르츠라고 읽습니다)입니다. 오보에가 '라' 음을 연주하면 1초당 공기가 440회 진동한다는 뜻입니다. 주파수를 441~443까지 올리면 같은 음을 연주해도 더 높은 음처럼 들려서 좀 더 화사하게 느껴집니다. 예전에는 440Hz에 맞춰 '라' 음을 냈지만 요즘엔 지휘자나 연주자가 원하면 주파수를 443까지 올려 연주하기도 합니다.

이제 공연 시작 전 잠시 불협화음이 들리더라도 모든 악기가 더 좋은 화음을 들려주기 위해 필요한 시간임을 알았으니, 그조차도 즐겁게 감상할 수 있겠지요?

⊘ 5-1
오케스트라가 조율하는 모습

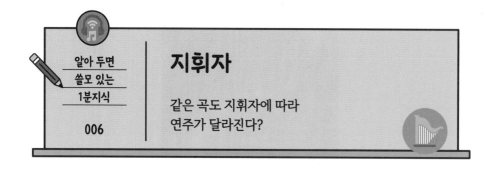

지휘자

같은 곡도 지휘자에 따라
연주가 달라진다?

사람들이 종종 대체 지휘자는 무엇을 하는 사람인지 궁금해 합니다. 무대 중앙에 서서 손을 휘젓고 있는 지휘자는 오케스트라에서 어떤 역할을 할까요?

지휘자는 종종 '마에스트로Maestro'라고 불립니다. 이탈리아어로 '전문가'라는 뜻입니다(영어의 마스터master와 어원이 같습니다). 오케스트라의 달인, 즉 전 단원을 이끄는 사람이라는 뜻이죠.

지휘자는 작품을 해석하고 오케스트라 단원을 연습시킵니다. 오케스트라의 악보는 매우 복잡합니다. 보통 열 가지 이상의 악기가 사용되니, 오케스트라 악보는 열층 이상인 경우가 많습니다. 옆에 제시한 악보는 베토벤 교향곡 5번 〈운명〉의 악보입니다. 왼쪽에 작게 쓰여 있는 것이 악기 이름입니다. 맨 위의 플루트부터 맨 아래의 더블 베이스까지 총 12가지의 악기가 사용됩니다. 지휘자는 각 악기의 선율을 머리 속에 담아두고 있지요.

지휘자는 이렇게 복잡한 오케스트라 악보(총보)를 모두 미리 공부하고 자기 나름대로 곡을 해석합니다. 그리고 마치 선생님처럼 음악을 어떻게 표현하고 연주할지를 오케스트라 단원들에게 알려줍니다. 합창단을 해본 적이 있다면 지휘자의 역할을 쉽게 이해할 수 있을 것입니다.

지휘자는 연주회에서 손으로 지시합니다. 오른손으로 지휘봉을 들고 박자를 젓고, 왼손으로 '좀 더 빠르게', '좀 더 작게', '더 부드럽게', '더 몰아치듯이' 등등의 음악

Symphony No. 5
in C Minor
Op. 67

〈베토벤 교향곡 5번 운명〉 악보

적 표현을 지시하지요.

보통 유명한 오케스트라는 한 지휘자가 몇십 년씩 조련합니다. 그래야 그 오케스트라 특유의 색깔이 생기기 때문입니다. 카라얀은 베를린 필하모닉을 무려 35년간 지휘했습니다. '독재자'라는 비난도 들었지만 특유의 카리스마로 베를린 필하모닉을 세계 최고의 오케스트라로 만들었지요.

같은 곡이라도 지휘자의 해석에 따라 음악이 다르게 들리기도 합니다. 유튜브에서 베토벤 교향곡 5번 〈운명〉을 여러 지휘자의 연주로 들어 보세요. 지휘자에 따라 빠르기도 조금씩 다르고 분위기도 달라진답니다.

⏲ 6-1, 6-2, 6-3
베토벤, 교향곡 5번 〈운명〉, Op. 67, 1악장
왼쪽부터 카라얀-아바도-파보 예르비의 연주입니다.

피아니스트

피아니스트는 왜 악보 없이 연주할까?

바이올린이나 첼로, 플루트 같은 악기의 연주자는 독주회를 할 때 악보를 외우지 않아도 됩니다. 피아노를 제외한 악기들은 보통 피아노 반주를 동반하므로 반주와 맞추기 위해 악보를 보고 연주합니다(단 오케스트라와 협연할 때에는 악보를 외워야 합니다). 그러나 피아니스트는 협연할 때는 물론, 독주회 때에도 악보를 전부 외워서 연주해야 합니다.

많은 피아니스트가 악보를 외우는 데(암보) 큰 부담을 느낍니다. 한 시간 반 정도 진행되는 독주회의 레퍼토리를 전부 외우려면 대략 악보를 백 장 이상, 많으면 수백 장씩 외워야 합니다. 피아노는 다른 악기들과 달리 오른손과 왼손이 각기 다른 선율을 연주합니다. 따라서 악보도 높은음자리표, 낮은음자리표를 사용하고 훨씬 복잡합니다. 그런데도 왜 피아니스트는 악보 없이 연주할까요?

이렇게 힘든 관행의 시작은 19세기 유럽의 스타 피아니스트이자 작곡가인 리스트로 거슬러 올라갑니다. 당시 음악회에서는 여러 연주자가 나와 종합 선물 세트처럼 다양한 곡을 연주했습니다. 그러나 리스트는 처음으로 피아노 연주만으로 음악회를 구성했습니다. 게다가 악보를 모두 외워서 피아노를 연주했습니다. 뛰어난 피아노 실력을 돋보이게 하려는 시도였습니다. 그런데 안타깝게도 이때부터 피아니스트라면 반드시 악보를 외워서 독주회를 해야 하는 관행이 시작되었습니다. 피아노는 워낙 많은 작곡가가 작품을 남겨 레퍼토리가 매우 많습니다. 그 많은 악보를 외워서

피아니스트는 악보를 전부 외워서 연주한다

쳐야 하니 피아니스트가 느끼는 압박은 매우 큽니다.

　그렇다고 다른 악기가 연주하기 더 쉽다는 얘기는 결코 아닙니다. 악기를 처음 배울 때 피아노는 건반을 누르면 바로 소리가 나지만, 바이올린이나 첼로, 트럼펫이나 플루트 같은 악기는 소리를 내는 것 자체가 힘듭니다. 악기마다 각기 다른 어려움이 있지요.

　아래 동영상은 20세기의 대표 피아니스트 리히터가 악보를 보며 쇼팽 연습곡을 전곡 연주하는 모습입니다. 말년의 리히터는 청력이 안 좋아져 자신이 치는 피아노 소리가 악보의 음과 다르게 들렸습니다. 따라서 어쩔 수 없이 양해를 구하고 악보를 보면서 연주했습니다. 리히터의 아름다운 연주를 원하는 관객들의 마음이 관행을 이긴 셈이지요.

🕒 7-1
쇼팽, 에튀드, Op. 10 & Op. 25
피아니스트 리히터는 청력 때문에 악보를 보며 연주합니다.

소나타

규칙만 알면 기악곡의
구성을 이해할 수 있다?

하이든과 모차르트가 살던 고전주의 시대인 18세기는 엄격한 신분제도와 관습이 지배하던 시기입니다. 신분에 따라 드레스 코드가 달랐습니다. 언제 어떻게 인사하고, 대화는 어떻게 해야 하는지 하나하나 형식이 정해져 있었습니다.

음악에서도 형식을 엄격하게 지키도록 했습니다. 이는 후대에도 이어져 오늘날 클래식 음악의 근간이 되었지요. 형식을 이해하면 클래식 음악을 이해하기가 훨씬 쉽습니다. 스포츠 경기를 볼 때 규칙을 알고 있으면 훨씬 재미있는 것과 같습니다.

이 장에서 소개할 소나타sonata는 가장 중요한 기악 장르 중 하나입니다. 바로크 시대부터 시작된 소나타는 초기에는 다양한 형태의 기악 음악을 뜻했습니다. 소나타는 'sonare(악기로 연주하다)'라는 어원을 갖고 있습니다.

그런데 고전주의 시대에 이르러 빠른 악장-느린 악장-빠른 악장의 3악장 구성이 확립됩니다. 이것이 더욱 발전하면서 빠른 악장-느린 악장-미뉴에트(춤곡) 또는 스케르초(익살스러운 빠른 곡)-빠른 악장의 4악장 구성이 일반화됩니다. 이것이 현재까지 사용되는 소나타의 구성입니다. 피아노를 배울 때 많이 치는 소나티네sonatine는 '작은 소나타'라는 뜻입니다.

소나타의 4악장 구성은 오케스트라가 연주하는 교향곡, 현악 연주자 네 명이 연주하는 현악 사중주에도 동일하게 적용됩니다. 협주곡은 미뉴에트(또는 스케르초) 악장이 생략된 3악장 구성입니다. 따라서 소나타의 구성을 이해하면 기악 장르에 적용되는 중요한 규칙을 아는 셈입니다.

소나타는 보통 3~4개의 악장으로 되어 있지만, 그중 1악장의 형식을 특별히 '소나타 형식sonata form'이라고 부릅니다. 광고음악으로 자주 사용되어 널리 알려진 모차르트 피아노 소나타 16번 C장조 K. 545의 1악장을 예로 들어 설명해 보겠습니다.

1악장은 제시부, 발전부, 재현부의 세 부분으로 구성되어 있습니다. 주제 선율을 연주하는 제시부에서는 상반된 성격의 주제 선율 두 개가 나옵니다. 첫 번째 주제, 즉 1주제의 선율은 밝고 경쾌하지만 2주제의 선율은 조용하고 서정적입니다. 선율의 성격은 대조적이지만 두 주제의 조성은 밀접한 관계를 갖습니다. 작곡가들은 조성의 관계를 이용해 곡을 유기적으로 구성합니다.

2주제의 조성은 1주제의 5도 위 조성으로 만듭니다. 예를 들어 1주제가 다장조C Major라면, 2주제는 사장조G Major입니다. 5도 위의 조성은 화성 진행에서 가장 중요한 관계입니다. 만약 1주제 선율이 슬픈 단조로 되어 있다면, 2주제 선율은 나란한 조, 즉 같은 조표를 사용하는 장조나 5도 위의 조성으로 만듭니다. 조성 이야기가 조금 어렵다면 넘어가서도 됩니다.

1주제는 1악장에서 가장 중요한 선율입니다. 아래 제시한 악보는 이 곡의 1주제 선율입니다. 피아노를 칠 수 있다면 오른손 부분만 쳐보세요. 많이 들어본 멜로디라 쉽게 칠 수 있을 것입니다.

1주제 이후 연결구(연결하는 선율)가 나오고 2주제가 나옵니다. 2주제 이어 마무리 짓는 선율이 나오면 제시부가 끝납니다.

모차르트 피아노 소나타 16번의 1주제

2주제

모차르트 피아노 소나타 16번의 2주제

발전부는 제시부에 나온 1, 2주제의 음형 중 인상적인 부분을 골라 다양하게 변형해 연주하는 부분입니다. 리듬을 바꾸거나 샵이나 플랫 같은 임시표를 많이 사용해서 불안하고 변화무쌍한 분위기를 연출합니다.

모차르트 소나타 16번의 발전부

재현부는 제시부의 주제를 다시 한번 연주해 재현하는 부분입니다. 변화무쌍하고 불안한 느낌의 발전부가 끝나고 다시 1주제로 돌아와서 안정된 분위기를 조성합니다. 재현부에서는 제시부에 나왔던 1주제와 2주제가 모두 반복됩니다. 아래 악보를 보면 모차르트가 '도'로 시작한 제 1주제를 '파'로 옮겨서 재현한 것을 알 수 있습니다. 조성을 변경하긴 했지만 같은 선율을 들려줌으로써 청중에게 재현부가 시작되었다는 것을 알려 줍니다.

모차르트 소나타 16번의 재현부

물론 이러한 형식들을 알면 곡을 이해하는 데 도움이 되지만, 음악을 감상할 때는 형식을 너무 따지지 말고 멜로디의 흐름을 느끼는 그대로 즐겨도 무방합니다.

🔎 8-1
모차르트, 피아노 소나타 16번 K. 545
본문에 소개한 악보의 곡으로, 모차르트는 이 작품을 '초보자용'이라고 언급했지만 음악적 완성도가 높아 인기 있는 모차르트 피아노 소나타 중 한 곡이기도 합니다. 그중 1악장은 가장 널리 알려진 모차르트 피아노 소나타로, 어린이 피아노 콩쿠르에서도 자주 연주됩니다. 서정적이고 감미로운 2악장과 가볍고 경쾌한 론도 형식의 3악장으로 구성되어 있습니다. 20세기 거장 피아니스트 다니엘 바렌보임의 연주입니다.

🔎 8-2
모차르트, 피아노 소나타 9번 K. 311
모차르트가 1777년에 작곡한 이 작품은 소나타의 전형적인 모습을 보여줍니다. 밴 클라이번 콩쿠르에서 최연소 우승한 임윤찬의 연주입니다.

🔎 8-3
베토벤, 피아노 소나타 8번 〈비창〉 Op. 13, 2악장
영화음악과 팝, 재즈 등 장르를 뛰어넘어 즐겨 인용되는 아름다운 곡입니다. 이 시대의 거장으로 인정받는 크리스티안 짐머만의 연주입니다.

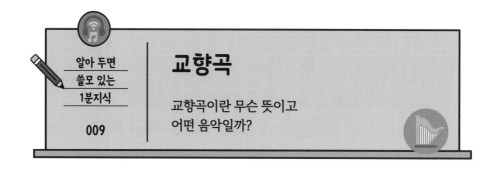

교향곡

교향곡이란 무슨 뜻이고
어떤 음악일까?

고전주의 시대부터 시작한 중요한 음악 장르인 교향곡은 오케스트라로 연주하는 '소나타'라고 할 수 있습니다. 길이가 길고, 연주하는 악기가 다양하므로 많은 작곡가가 자신의 기량을 모두 쏟아 교향곡을 작곡합니다.

교향곡은 바로크 시대 이탈리아에서 시작되었습니다. 빠른 1악장-느린 2악장-빠른 3악장의 세 악장으로 구성된 오페라의 서곡을 연주했지요. 이탈리아에서는 서곡을 '신포니아sinfonia'라고 불렀는데, 이것이 '심포니symphony(교향곡)'의 어원이 되었습니다. '심포니symphony'의 'sym'은 '공통된', 'phony'는 '소리'라는 뜻입니다. 함께 조화로운 소리를 낸다는 것이지요. 그 후 교향곡의 구조가 확대되어 빠르고 경쾌한 1악장, 느리고 아름다운 2악장, 미뉴에트 혹은 스케르초의 3악장, 매우 빠른 피날레의 4악장으로 자리 잡게 됩니다.

교향곡은 18세기, 즉 고전주의 시대 하이든, 모차르트, 베토벤을 거치면서 비약적으로 발전합니다. 하이든은 교향곡을 100개도 넘게 작곡해 '교향곡의 아버지'라고 불립니다. 모차르트의 후기 교향곡 40, 41번은 고전주의를 뛰어넘는 낭만적인 선율이 인상적입니다. 베토벤은 고작 9개의 교향곡을 작곡했지만 교향곡의 가능성을 더욱 확장했습니다. 5번 〈운명〉 교향곡이나, 합창과 함께 연주하는 9번 〈합창〉 교향곡은 너무나 유명하지요.

낭만주의 시대의 작곡가들은 교향곡을 많이 작곡하지는 않았습니다. 모든 후배

교향곡은 오케스트라로 연주하는 소나타라고 할 수 있다

작곡가가 베토벤의 업적을 뛰어넘기를 꿈꾸었지만 불가능했지요. 낭만주의 시대에 는 규모를 확장하려는 경향이 강했으므로 6악장의 교향곡이 작곡되기도 하고 길이 도 길어졌습니다.

대표적인 낭만주의 교향곡으로 만화영화 〈스머프〉에 나오는 슈베르트의 〈미완 성 교향곡〉, 멘델스존이 여행에서 본 풍광을 묘사한 〈이탈리아〉, 드보르자크가 미국 에서 생활한 감상을 음악으로 표현한 교향곡 〈신세계로부터〉 등이 유명합니다.

9-1

모차르트, 교향곡 40번 K. 550, 1악장
이 곡을 작곡할 당시 모차르트는 결혼생활도 엉망이었고 비엔나에서 인기가 시들어 재정적으로도 어려운 시 기를 겪고 있었습니다. 그러한 비참한 현실을 반영하듯 단조로 만들어진 이 작품의 1악장은 마치 숨넘어가는 듯한 리듬과 멜로디로 불안감을 표현합니다.

9-2

드보르자크, 교향곡 9번 〈신세계로부터〉 Op. 95, 4악장
앞부분이 영화 〈죠스〉에서 상어가 나타날 때 나오는 선율과 비슷하지요? 1892년 드보르자크가 고향 체코를 떠나 미국 뉴욕 음악원장으로 부임한 이후 작곡된 이 작품은 미국의 광활한 대지와 대도시의 활기찬 풍경을 묘사했습니다.

알아 두면
쓸모 있는
1분지식

010

실내악

듀오, 트리오, 콰르텟은 무엇이 다를까?

2~10명의 소수 인원이 연주하는 음악을 '실내악'이라고 합니다. 실내악은 말 그대로 실내에서 소수가 연주하는 음악이라는 뜻입니다. 영어로 '챔버 뮤직chamber music'이라고 하는데, '챔버' 역시 방이라는 뜻입니다. 프랑스 혁명 이후 중산층 사이에서 음악을 향유하고자 하는 욕구가 커지면서 친구들과 응접실에서 악기를 연주하며 여가를 즐기는 문화가 확산되었습니다. 실내악은 이러한 배경에서 탄생한 음악입니다.

실내악의 악기 편성은 다음과 같이 여러 가지로 다양합니다.

첫 번째는 듀오duo입니다. '듀엣'과 같은 뜻으로, 두 명이 연주하는 것입니다. 보통 바이올린, 첼로, 플루트, 클라리넷 같은 독주 악기를 피아노가 반주하는 구성으로 되어 있습니다. 바이올린 소나타, 첼로 소나타, 플루트 소나타 등은 일반적으로 피아노 반주를 동반하므로 듀오 형태로 연주합니다. 그러나 작품에 따라 바이올린이나 첼로를 기타가 반주하거나, 플루트를 하프가 반주하는 경우도 있습니다.

두 번째는 '트리오trio'입니다. '트리', 즉 '3=three'에서 유래한 말입니다. 세 명이 연주하는 형태로, 가장 많이 연주하는 편성은 피아노 트리오입니다. 피아노, 바이올린, 첼로로 구성됩니다. 대표작으로 베토벤 피아노 트리오 〈대공〉, 멘델스존 〈피아노 트리오〉 1번 등이 있습니다.

세 번째는 '콰르텟quartet'입니다. 4분의 1을 영어로 '쿼터quater'라고 하지요? 콰르텟은 4중주, 즉 4명이 연주하는 것입니다. 가장 대표적인 편성은 현악 4중주로 바이

영화 〈마지막 4중주〉의 한 장면

올린 2대, 비올라, 첼로가 연주합니다. 바이올린이 소프라노, 비올라가 알토, 첼로가 베이스의 역할을 하는 것입니다. 현악 4중주는 작곡가들이 가장 사랑한 실내악 장르 중 하나입니다.

이 외에도 연주하는 사람 수에 따라 5명이 연주하면 5중주, 6명이 연주하면 6중주라고 부릅니다. 슈베르트가 자신의 가곡 〈송어〉를 5명의 연주자들이 연주하는 5중주(퀸텟quintet)으로 편곡한 작품이 유명합니다. 트럼펫 2대, 트럼본, 호른, 튜바가 연주하는 금관 5중주는 금관 특유의 호방하고 밝은 소리가 매력적이라 결혼식 축가로도 많이 연주합니다.

실내악곡은 소수의 연주자가 작은 홀에서 연주하는 경우가 많으므로 연주자 간의 팀워크가 매우 중요한 장르입니다. 연주자들은 서로 마주 보며 끊임없이 대화하듯 연주를 합니다.

🕓 10-1
파가니니, 기타와 바이올린 위한 소나타 e단조, Op.27-6
특이하게 피아노가 아닌 기타로 반주하는 듀오 연주입니다. 사실 기타는 바이올린과 매우 잘 어울리는 악기입니다. 이 곡은 드라마 〈모래시계〉의 주제가로 사용되기도 했습니다.

🕓 10-2
슈베르트, 피아노 5중주 〈송어〉 D.667, 4악장
물에서 자유롭게 헤엄쳐 놀다가 그만 낚시꾼에게 잡히고 마는 송어의 모습을 밝은 장조에서 슬픈 장조로 바뀌는 멜로디로 표현했습니다.

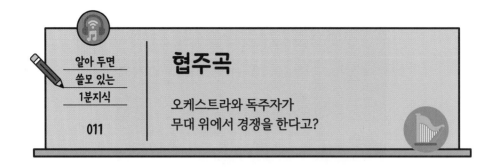

협주곡

오케스트라와 독주자가
무대 위에서 경쟁을 한다고?

옆에 제시한 사진을 보면 무대 중앙에서 빨간 드레스를 입은 피아니스트가 오케스트라와 함께 연주하고 있습니다. 협주곡이란 이처럼 독주자가 오케스트라와 함께 연주하는 장르를 말합니다.

협주곡은 원어로 '콘체르토concerto'라고 합니다. 이 단어의 어원인 '콘체르타레 concertare'에는 두 가지 뜻이 있습니다. 이탈리아어로는 '협력하다'라는 뜻인 반면, 라틴어로는 '경쟁하다'라는 뜻이지요. 한 단어에 상반된 뜻이 있는 것처럼 협주곡은 독주자와 오케스트라가 때로는 협력하고 때로는 경쟁하면서 연주합니다.

협주곡은 바로크 시대인 1600~1750년경에 시작되었습니다. 당시 유럽에서 악기 제조 기술이 크게 발전 함에 따라 지금과 비슷한 형태의 피아노, 바이올린이 이탈리아에서 처음으로 만들어졌습니다. 바로크 시대에 가장 인기 있던 독주 악기는 바이올린이었는데 당시 사람들은 바이올린과 오케스트라를 대비하며 연주하는 것을 매우 좋아했습니다.

고전주의 시대에는 피아노가 인기 있는 독주악기로 떠올랐습니다. 당시 대표적인 작곡가였던 모차르트와 베토벤은 피아노 협주곡을 여러 곡 남겼지요.

19세기 낭만주의 시대로 넘어가면서 협주곡의 모습이 변합니다. 그전에는 오케스트라가 먼저 연주하고 독주자가 대화를 이어가듯 뒤이어 연주했습니다. 그런데 이제 오케스트라가 아닌 독주자가 먼저 연주를 시작합니다. 19세기에 예술가는 독창

오케스트라와 협연 중인 피아니스트

적이고 창의적인 '천재'라는 이미지가 만들어졌습니다. 음악계에서도 독주자를 무대에서 돋보이게 하려는 분위기가 생겼지요. 그래서 멘델스존이나 차이코프스키 같은 낭만주의 작곡가들의 협주곡에는 독주자가 오케스트라보다 먼저 등장합니다.

보통 협주곡은 3악장으로 구성됩니다. 1악장은 빠르게, 2악장은 느리고 서정적으로, 3악장은 피날레로 매우 빠르게 연주합니다. 한 자리에서 세 악장을 다 듣기가 어렵다면 한 악장씩 끊어서 들어도 괜찮습니다.

1악장 말미에 잠깐 오케스트라가 멈추고 독주자만 연주할 때가 있습니다. 오케스트라 없이 독주자가 혼자서 연주하는 부분을 '카덴차cadenza'라고 합니다. 관객의 이목이 독주자에게 집중되는 시간이지요. 연주자는 작곡가가 미리 작곡한 여러 개의 카덴차 중 하나를 골라 치거나, 혹은 작곡 능력이 있는 독주자라면 카덴차를 직접 작곡해서 연주하기도 합니다.

⏱ 11-1

라흐마니노프, 피아노 협주곡 2번 Op. 18
낭만적이고 우수 어린 협주곡으로 '한국인이 가장 좋아하는 클래식' 1위에 뽑히기도 했습니다. 라흐마니노프는 손이 매우 커서 도 음부터 높은 미 음까지 10도가 넘는 음정을 척척 연주할 수 있었다고 하는데 이 곡 역시 엄청난 테크닉이 필요합니다.

⏱ 11-2

모차르트, 클라리넷 협주곡 K. 622, 2악장
영화 〈아웃오브 아프리카〉의 영화음악으로도 사용된 이 곡은 어쩐지 드넓은 평지를 떠올리게 하는 아름다운 선율이 인상적입니다.

수트, 파르티타, 조곡

클래식에도 모음곡이 있다?

알아 두면
쓸모 있는
1분지식

012

독주회에서 소나타 다음으로 많이 연주되는 장르 중 하나가 '모음곡'입니다. 모음 곡은 말 그대로 짧은 소품을 여러 개 모은 장르입니다. 모음곡은 원어로 'suite'라고 쓰고 '수트'라고 발음합니다. 한자로 모을 조組 자를 사용해서 '조곡'이라고도 하고, 17~18세기에는 '파르티타partita'라고 부르기도 했습니다. 모두 같은 뜻입니다.

모음곡은 시대에 따라 스타일과 종류가 다릅니다.

바흐가 살던 바로크 시대에는 유럽 각국의 인기 있는 춤곡을 모아서 모음곡을 만 드는 것이 유행이었습니다. 독일의 '알라망드allemande', 프랑스의 '쿠랑트courante', 스 페인의 '사라반드sarabande', 아일랜드의 '지그gigue'가 당시 유행하던 댄스 음악이었습 니다. 작곡가들은 이를 한 세트로 모아 작곡했습니다.

하이든, 모차르트, 베토벤이 활동한 고전주의 시대에는 프랑스 혁명을 전후로 해 서 왕실과 귀족의 향락과 사치가 극에 이르러 있었습니다. 음악가들은 귀족들의 파 티에서 분위기를 돋울 모음곡을 많이 작곡했습니다. 이를 '세레나데serenade' 혹은 '디 베르티멘토divertimento'라고 합니다. 세레나데란 창문 아래에서 '사랑을 고백하는 노 래'라고 알려져 있지만 저녁 시간 휴식할 때 연주하는 기악곡으로 발전했습니다. 휴 식이나 파티를 위해 작곡한 음악이니 당연히 밝고 가벼운 멜로디의 작품입니다.

19세기 낭만주의 시대에는 오페라, 발레, 연극에 삽입된 음악을 발췌해서 모음곡 을 만들었습니다. 드라마나 영화 음악처럼 일종의 OST 모음곡이 유행한 것입니다.

바로크 시대의 알라망드 댄스

　결혼식에서 신랑 신부가 퇴장할 때 연주하는 곡인 〈축혼 행진곡〉 또한 이 중 하나
입니다. 멘델스존은 17세에 셰익스피어의 『한여름 밤의 꿈』을 읽고 크게 감명을 받
아 피아노용 서곡을 하나 작곡합니다. 16년 후 프로이센 왕이 연극 〈한여름 밤의 꿈〉
상연을 위해 멘델스존에게 작곡을 의뢰합니다. 이에 멘델스존은 12개의 연극음악을
작곡했습니다. 이 중 우여곡절을 겪은 주인공 남녀 두 쌍이 결혼할 때 연주하는 〈축
혼 행진곡〉은 지금도 결혼식에서 즐겨 연주하는 명곡입니다. 차이코프스키는 발레
음악으로 큰 인기를 끌었는데 〈호두까기 인형〉 모음곡은 방송에 자주 사용됐습니다.
초연 시 혹평을 받았지만, 작곡가 사후에 큰 인기를 얻은 비제의 오페라 〈카르멘〉 모
음곡도 즐겨 연주되는 곡입니다.

🕐 12-1
바흐, 여섯 개의 무반주 첼로 모음곡 BWV 1007 1번 중 '프렐류드'
바흐는 반주 없이 첼로만 연주하는 모음곡을 6개 작곡하였습니다. 이 중 1번의 시작을 알리는 프렐류드(전주
곡)는 평화로우면서도 깊이 있는 울림을 줍니다.

🕐 12-2
멘델스존, 〈한여름 밤의 꿈〉 중 '축혼 행진곡'
결혼식에서 신랑 신부가 퇴장할 때 연주하는 곡입니다. 트럼펫이 밝고 힘찬 팡파르를 연주합니다.

알아 두면
쓸모 있는
1분지식

013

변주곡

같은 멜로디를 이리저리 바꾸는
요술 같은 음악이 있다고?

간단한 동요처럼 짧은 선율을 다양하게 변형해 연주하는 음악 장르를 변주곡이라고
합니다. 변주곡은 영어로 바리에이션variation이라고 하는데, 다양함을 의미하는 '버라
이어티variety'와 어원이 같습니다.

모차르트, 베토벤, 브람스는 변주곡을 즐겨 작곡한 음악가입니다. 그중에 모차르
트의 〈작은별 변주곡〉은 유명한 〈반짝반짝 작은 별〉이라는 동요로 만든 곡이지요.
이 곡은 원래 〈아! 말씀드릴게요, 엄마Ah, vous dirai-je maman〉라는 제목의 프랑스 민요
입니다. 어떤 남자를 좋아하게 된 아가씨가 짝사랑 때문에 너무 마음이 괴롭다고 엄
마에게 털어놓는 내용입니다. 동요와는 가사가 사뭇 다르지요? 〈반짝반짝 작은 별〉
은 훗날 이 곡에 가사만 바꾼 것입니다.

작곡가들은 어떻게 변주곡을 만들까요? 주제 선율에 장식적인 음형을 붙여 만들
거나, 리듬을 바꾸거나, 조성을 장조에서 단조로 바꾸기도 합니다. 모차르트는 〈반
짝반짝 작은 별〉로 변주곡을 만들었습니다. 여러 형태로 변형했지만 원곡의 주요 멜
로디가 콕콕 숨어 있습니다.

⏲ 13-1
모차르트, 〈반짝반짝 작은별 변주곡〉 K. 265
모차르트의 작품을 완벽하게 표현한 피아니스트로 널리 알려진 클라라 하스킬의 연주입니다.

아래는 〈반짝반짝 작은 별〉의 앞부분입니다. 일단 주제 선율, 즉 원곡을 연주하면서 시작합니다.

〈반짝반짝 작은 별〉의 주제 선율

모차르트가 이 멜로디를 첫 번째 변주곡에서 어떻게 변형했는지 볼까요? 아래 그림에서 빨간색으로 표시한 부분의 음을 불러 봅시다. "도, 도, 솔, 솔, 라, 라, 솔~"〈반짝반짝 작은 별〉의 앞부분과 같지요? 모차르트는 16분음표를 이 음들의 앞뒤에 붙여 장식해서 원래의 선율을 변형해 놓았습니다.

〈반짝반짝 작은 별 변주곡〉 제1 변주

〈반짝반짝 작은 별 변주곡〉 제4 변주

네 번째 변주를 보면 오른손에 도도 솔솔 라~ 솔 이렇게 주제 멜로디가 나오고, 왼손은 셋잇단음표를 사용해서 변화를 준 것을 볼 수 있습니다.

모차르트는 〈반짝반짝 작은 별 변주곡〉에서 총 12개의 변주를 선보입니다, 여러분은 이 곡을 들으면서 주제를 떠올릴 수도 있고, 화려한 음형에 홀려 잘 모를 수도 있습니다. 상관없습니다. 그저 음악을 즐기면 되니까요!

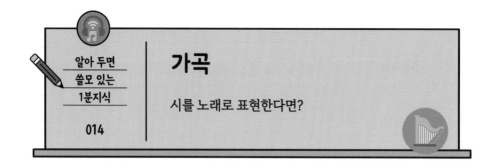

가곡

시를 노래로 표현한다면?

요즘에도 발라드가 끊임없이 사랑받듯이 옛날 사람들도 서정적인 가사에 아름다운 선율을 붙여 노래 부르기를 좋아했습니다. 특히 아름다운 시로 노래 만들기를 좋아했는데, 이런 노래를 예술가곡이라고 부릅니다.

가곡이 크게 발달한 시기는 19세기 낭만주의 시대입니다. 괴테를 비롯해 하이네 등의 독일 출신 시인들이 낭만적이고 아름다운 시를 많이 썼고, 이를 읽고 감명받은 음악가들은 서정적인 노래를 많이 작곡했습니다. 그중 대표적인 작곡가가 '가곡의 왕'이라고 불리는 슈베르트입니다. 자그마치 600여 곡이 넘는 가곡을 남겼죠.

슈베르트가 열아홉 살에 작곡한 〈마왕〉은 괴테의 유명한 '이야기시'를 담은 곡입니다. 이야기시란 일종의 줄거리가 있는 시로, 괴테는 덴마크의 전설에 나오는 마왕 이야기를 읽고 이 시를 썼다고 합니다.

비바람이 몰아치는 날, 아버지는 어린 아들과 말을 타고 집으로 향합니다. 숲속을 지나는데 겁에 질린 아들이 아버지에게 '마왕'이 보인다고 말합니다. 아버지는 아들이 어둠 속에 있는 버드나무를 보고 착각한 거라며 아이를 달래지요. 그런데 아들은 계속 마왕의 목소리가 환청으로 들립니다. 마왕은 달콤한 목소리로 아들에게 아름다운 꽃동산이 있는 곳으로 함께 가자고 유혹합니다. 아버지는 두려움에 떠는 아들을 보며 불길한 예감이 들어 더욱 서둘러 집으로 돌아옵니다. 그러나 집에 돌아온 아버지의 품속에서 아이는 이미 죽어 있었습니다.

슈베르트는 이 기괴하고 슬픈 이야기시의 분위기를 생생하게 표현해 냈습니다. 이 시에는 아버지, 아들, 마왕 그리고 해설자가 등장합니다. 따라서 이 노래를 부르는 성악가는 혼자서 네 명의 목소리를 각각 다르게 내면서 마치 오페라처럼 연기할 수 있어야

괴테의 시에 슈베르트가 곡을 붙인 〈마왕〉

합니다. 또한 전주 부분의 피아노 소리는 다급한 말발굽 소리를 표현한 것입니다.

음악가들은 일정한 주제가 있는 연작시에 곡을 붙이기를 매우 좋아했습니다. 이렇게 연작시로 만든 노래를 '연가곡'이라고 합니다. 대표적인 연가곡인 슈베르트의 〈겨울나그네〉는 늦가을이나 초겨울에 들으면 더욱더 감동적입니다. 슈만이 사랑하는 여인 클라라와 결혼하던 해에 기쁨에 겨워 작곡한 〈시인의 사랑〉도 참으로 아름답지요. 그는 결혼하던 해에 너무나 행복해서 가곡을 200여 개나 작곡했다고 합니다. 프랑스나 이탈리아에서도 가곡이 발달했습니다. 프랑스 가곡의 대표적인 작곡가인 포레는 서정적이고 아름다운 가곡을 많이 만들었습니다. 이탈리아 가곡은 지중해 날씨를 연상시키는 밝고 경쾌한 곡이 많습니다.

유튜브로 가곡을 들을 때 한국어 자막이 제공되는 영상을 보면 좋습니다. 성악가들은 가사를 잘 표현하기 위해 가사 하나하나의 뜻을 음미하며 열심히 연습합니다. 가곡을 들을 때도 가사의 내용을 알면 감상의 깊이가 훨씬 더 깊어질 것입니다.

⏱ 14-1
슈베르트, 〈마왕〉 D. 328
독일 가곡의 전설적인 성악가 피셔 디스카우의 연주입니다.

⏱ 14-2
포레, 〈꿈 꾼 후에〉 Op. 7, No. 1
프랑스 낭만주의 작곡가인 포레는 많은 가곡을 남겼습니다. 서정적인 이 곡은 악기로도 자주 연주되는 명곡입니다.

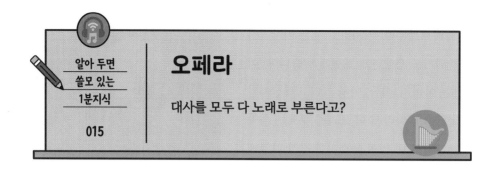

오페라

대사를 모두 다 노래로 부른다고?

오페라는 뮤지컬과 매우 비슷합니다. 노래로 하는 연극이라고 생각하면 됩니다. 다른 점이라면 뮤지컬은 중간에 대사를 말로 하는 부분이 꽤 있지만 오페라는 대사를 거의 다 노래로 한다는 것입니다. 오페라를 보러 갈 때는 줄거리를 미리 알아 두면 좋습니다. 전개될 이야기의 흐름을 알면 오페라를 훨씬 더 재미있게 감상할 수 있습니다.

오페라에는 두 가지 형태의 노래가 나옵니다.

첫 번째, 아리아aria는 남자나 여자 성악가가 솔로 혹은 듀엣으로 부르는 노래입니다. 유명 오페라에는 대표 아리아가 몇 곡씩 있습니다. 아리아는 극적인 장면에서 연주되는데, 주인공이 자신의 괴로운 심정을 토로할 때나, 남녀가 사랑을 나눌 때 아리아를 부릅니다. 모차르트의 오페라 〈마술피리〉에서 밤의 여왕이 딸에게 자라스트로를 죽이고 오라고 명하는 장면에서는 사악한 밤의 여왕의 성격을 보여주기 위해

🕐 **15-1**
베르디, 〈리골레토〉 중 '여자의 마음'
바람둥이 만토바 공작이 부르는 아리아입니다. 어떤 여자든 다 유혹할 수 있다고 자신만만하게 부르는 일종의 '자백송'이지요.

🕐 **15-2**
푸치니, 〈라보엠〉 중 '그대의 찬 손'
〈라보엠〉에서 주인공 남녀가 어둠 속에서 열쇠를 찾다가 사랑에 빠지며 부르는 노래입니다. 테너가 부르는 아리아로 여주인공의 손을 잡고 부르는 곡이지요.

고음이 계속 이어지는 '밤의 여왕 아리아'가 등
장합니다. 오페라를 잘 모르는 사람이라도 한
번은 들어봤을 법한 정말 유명한 곡이지요.

파리의 뒷골목에 사는 가난한 예술가들의
이야기인 푸치니의 오페라 〈라 보엠〉에서 가
난한 시인인 로돌포가 여주인공 미미와 처음
사랑에 빠질 때 부르는 '그대의 찬 손' 역시 유
명한 아리아입니다. 양초에 붙일 불을 빌리기
위해 재봉사 미미는 로돌포를 찾아옵니다. 그
러나 문을 나서는 순간 양초의 불이 꺼지고 미
미는 열쇠를 떨어뜨립니다. 둘은 어둠 속에서
열쇠를 찾다가 그만 사랑에 빠지게 되지요. 미

푸치니의 오페라 〈라보엠〉 포스터(1896년)

미의 손을 잡고 로돌포는 '그대의 찬 손'을 부릅니다.

두 번째, 레치타티보recitativo는 오페라 가수가 래퍼처럼 긴 대사를 빠르게 전달하
는 부분입니다. 지금 일어나고 있는 상황을 설명하는 긴 대사를 노래로 하면 너무 시
간이 오래 걸립니다. 레치타티보는 말하는 것처럼 노래합니다. 아리아처럼 아름다
운 선율은 없고 리듬도 정확하게 나누기 힘들지요.

⊘ 15-3
모차르트, 〈마술피리〉 중 '밤의 여왕 아리아'
밤의 여왕은 딸에게 자라스트로를 죽이라고 명령합니다. 고난도의 기교로 고음을 계속 불러야 하는 곡입니
다. 불안하고 극적인 분위기의 유명한 아리아입니다.

⊘ 15-4
이재신, 〈1953〉 중 '내레'
한국전쟁을 배경으로 한 창작 오페라의 레치타티보입니다. 포로수용소에서 강민구가 자신이 이곳에 끌려온
이유를 설명하는 대목입니다.

칸타타와 오라토리오

바흐가 커피를 위한 음악을 만들었다고?

칸타타, 오라토리오는 모두 이야기에 음악을 붙여 만든 일종의 음악극입니다. 하지만 오페라와는 다르지요. 오페라는 가수들이 의상을 입고 연기를 하면서 음악극을 이끌어 갑니다. 무대미술도 화려하고, 때에 따라서 발레나 플라멩코 같은 춤이 곁들여지기도 합니다. 한마디로 규모가 큰 종합예술 음악극입니다. 반면 칸타타와 오라토리오는 성악가들이 역할에 따른 무대의상을 입지 않습니다. 소규모 오케스트라가 반주를 하고 성악가들은 연기 없이 노래로만 이야기를 표현합니다. 독창, 중창, 합창이 번갈아 나옵니다. 칸타타와 오라토리오는 형태가 비슷하지만 유래가 다릅니다.

칸타타cantata는 '노래하다'라는 뜻의 이탈리아어 '칸타레cantare'에서 유래한 장르로 바로크 시대에 크게 유행했습니다. 바흐는 라이프치히 성 토마스 교회에서 일할 때, 주일 예배에서 낭독하는 성경 구절과 관련된 내용의 칸타타를 매주 하나씩 작곡하였습니다.

성실하게 일했던 바흐가 남긴 칸타타는 300여 곡이나 되는데 지금까지 남아 있는 작품은 200개 정도입니다. 〈칸타타 147번〉 중 '예수 나의 기쁨'이나 〈사냥 칸타

16-1
바흐, 〈칸타타 147번〉 중 '예수 나의 기쁨'

타〉 중 아홉 번째 곡 '양들은 한가로
이 풀을 뜯고'는 지금도 큰 사랑을 받
습니다. 바흐는 일상생활을 주제로
삼은 칸타타도 작곡했습니다. 당시
라이프치히에서는 커피가 크게 유행
했습니다. 지금의 카페와 같은 커피
하우스가 많은 사람으로 붐볐으며,

칸타타 공연 장면

그곳에서 소규모 공연도 열렸습니다. 바흐는 이러한 현상을 주제로 〈커피 칸타타〉를
작곡했습니다. 커피를 끊으라고 강요하는 엄한 아버지와 절대 커피만은 끊을 수 없
다는 딸의 이야기입니다.

　오라토리오는 보통 칸타타보다 규모가 좀 더 큽니다. 종교개혁 이후 가톨릭 신도
들 사이에서 과거를 반성하고 작은 방에 모여 기도 모임을 하는 관습이 생겼습니다.
이 모임에서 다양한 성가를 불렀는데 이것이 오라토리오의 기원입니다. 오라토리오
는 보통 종교적인 내용으로 만들어졌습니다. 바로크 시대에 오라토리오를 크게 발전
시킨 사람은 헨델로, 대표작은 예수의 일대기를 그린 〈메시아〉입니다. 〈메시아〉를
관람하던 영국 왕 조지 2세가 합창곡 '할렐루야'를 듣고 매우 감동하여 일어서자 모
든 관객이 왕을 따라 기립했다는 일화가 유명합니다. 현재도 〈메시아〉 공연을 할 때
'할렐루야' 부분에서는 관객 전원이 기립해 듣는 관행이 남아 있습니다.

16-2
바흐, 〈커피 칸타타〉 BWV 211

16-3
헨델, 〈메시아〉 HWV 56 중 '할렐루야'

클래식 공연 관람이 처음이라면?
_클래식 공연 고르는 법

클래식 공연을 보러가고 싶지만, 어떤 공연을 봐야 할지 모르겠다는 분들이 많습니다. 클래식 초보자에게는 해설이 있는 음악회를 추천합니다. 해설자가 오늘 연주하는 곡을 소개하고 뒷이야기도 들려 주기 때문에 재미있게 음악을 감상할 수 있습니다. 마치 전시회에서 도슨트의 설명을 들으면 그림을 더 잘 이해할 수 있는 것과 비슷합니다.

요즘은 동네에 있는 크고 작은 공연장마다 '브런치 콘서트' 혹은 '마티네 콘서트'라고 해서 오전에 하는 음악회를 자주 엽니다. 이런 음악회들은 대중에게 친숙한 곡을 연주하고, 해설자가 있는 경우가 많습니다.

많은 클래식 연주자들은 어떻게 하면 대중에게 쉽게 다가갈 수 있을까 고민합니다. 그래서 클래식 음악을 미술, 유럽의 도시, 역사적 사건 등과 엮어 일반인의 눈높이에 맞게 설명하는 테마가 있는 콘서트를 열기도 합니다. 예를 들어 '그림 읽어주는 베토벤' 시리즈나 '정오의 음악 산책' 시리즈 등이 있습니다. '그림 읽어주는 베토벤' 시리즈는 해설자가 고흐, 마네, 샤갈같이 우리에게 익숙한 화가들의 그림과 음악을 엮어서 설명해 줍니다. '정오의 음악 산책' 시리즈는 베네치아, 파리, 뉴욕 등 도시에 얽힌 음악과 작곡가의 이야기를 들려줍니다.

클래식 공연은 인터넷 티켓 사이트에서 쉽게 검색할 수 있습니다. 일단 집에서 가까운 공연장을 검색해서 어떤 공연이 있는지 살펴보고, 그중 관심이 가는 공연을 가 보는 것이 좋습니다. 클래식 공연은 대중음악 공연에 비해 입장료가 저렴한 것도 많습니다. 잘 검색해서 쉬운 음악회부터 도전해 보세요.

혹은 도서관에서 『객석』이나 『음악세계』 같은 예술 관련 잡지를 살펴보고 잡지에서 추천한 공연을 시도해 보는 것도 좋습니다. 잡지에서 소개한 공연들은 가

그림과 클래식을 엮어 소개하는
'그림 읽어주는 베토벤' 시리즈 홍보 포스터

장 이슈가 되는 핫한 공연일 경우가 많으니까요. 공연장에 가면 가판대에 공연을 홍보하는 리플렛이나 광고지가 전시되어 있습니다. 가판대를 한번 훑어보는 것도 큰 도움이 됩니다. 공연장에서 하는 가장 대표적인 공연을 홍보하기 때문입니다.

그리고 클래식 공연에 갈 때 어떤 복장으로 가야 하는지 고민하는 분들도 계시죠? 클래식 공연이라고 해서 꼭 정장을 차려입고 가지 않아도 됩니다. 편안한 옷차림에 운동화를 신고, 집에서 가까운 공연장에 가 보세요. 마음의 부담이 없어야 더 편하게 음악을 즐길 수 있습니다.

우리나라에도 오페라 같은 음악이 있을까?
_비슷한 듯 다른 판소리와 오페라

우리나라에는 오페라 같은 음악극이 없을까요? 여러분도 잘 알고 있는 탈춤과 판소리가 대표적인 음악극입니다. 조선시대에 큰 인기를 끈 탈춤과 판소리는 당대의 사회를 풍자해 서민들에게 큰 인기를 끌었습니다. 판소리는 양반층이나 임금까지도 즐겼다고 하니 그 인기가 대단했지요. 탈춤과 판소리가 유행하던 18세기, 유럽에서도 귀족의 횡포를 풍자하는 오페라가 유행했습니다. 우연히 지구 반대편에서 같은 문화 현상이 일어난 것이지요.

탈춤이 노래, 춤, 재담, 연기가 모두 펼쳐지는 옴니버스 형식의 연극인 반면, 판소리는 오페라처럼 모든 대사를 노래로 진행합니다. 그러나 놀라운 것은 여러 명의 성악가가 각자의 역할을 연기하는 오페라와 달리 판소리는 판소리꾼 혼자서 모든 배역을 다 소화한다는 것입니다. 판소리꾼은 〈사랑가〉 같은 노래도 부르고 상황을 설명하기도 하며 연기도 합니다. 오페라는 오케스트라가 반주하지만, 판소리는 고수한 사람의 북 장단이 전부입니다. 판소리꾼은 북 장단에 맞춰 짧게는 3시간, 길게는 8~9시간 넘게 혼자서 공연을 이끌어 갑니다. 판소리꾼들의 음악성뿐 아니라 체력과 암기력이 참으로 놀랍습니다.

조선과 유럽 사람들은 옛날에 어떤 모습으로 공연을 즐겼을까요? 우리나라의 전

명창 안숙선의 〈흥부가〉 판소리 공연(세종문화회관, 2006년)

통 무대는 마당에서 원형으로 둘러앉아 공연을 즐기는 경우가 많았습니다. 관객들이 무대 위의 공연자와 대화를 주고받거나 '얼쑤' 같은 추임새를 넣으면서 적극적으로 참여했지요. 반면 유럽에서는 극장에 앉아 앞쪽에 있는 사각형 무대를 바라보며 공연을 즐기고 환호나 박수를 보냈지요. 하지만 우리나라 판소리처럼 공연자와 대화를 주고받거나 추임새를 넣는 경우는 찾아보기 어려웠습니다.

사실 청중과 대화를 주고받는 것은 순발력과 재치를 요구하기 때문에 공연자에게 부담스러운 일이기도 합니다. 청중이 어떤 반응을 보일지 모르기 때문이죠. 우리 선조들은 저잣거리나 대청마루에 둘러앉아 청중과 공연자가 자연스럽게 어울리며 한바탕 공연을 즐겼을 것 같습니다. 해외 음악가들이 내한했을 때 한국 청중의 뜨겁고 적극적인 반응에 놀라워 했다는 이야기를 들어 봤을 겁니다. 판소리꾼과 관객이 함께 공연을 즐기던 문화가 자연스럽게 이어진 것은 아닐까요?

✓ 인터미션 2
〈심청전〉 중 '뺑덕어멈'
뺑덕어멈이 관객들과 재담을 나누며 판소리를 하는 장면. 박애리 명창의 연주입니다.

2장
클래식 기초

- ☑ 계이름과 기보법
- ☐ 화음
- ☐ 음계
- ☐ 작품번호
- ☐ 빠르기말
- ☐ 피아노
- ☐ 현악기
- ☐ 관악기
- ☐ 타악기
- ☐ 성악가
- ☐ 절대음감

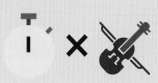

계이름과 기보법

도레미파솔라시도는 어떻게 만들어졌을까?

사람들은 오랜 기간 음악을 그저 외워서 입에서 입으로 전했습니다. 기보법이 발달하지 않기 때문입니다. 최초의 기보법은 기원전 3세기경 그리스 시대의 것입니다. 알파벳 위에 약간의 기호로 표시를 했습니다. 이후에도 올라가는 선율의 가사 위에 상행하는 선(/)을 표시하고, 선율이 내려갈 때는 하행하는 선(\)을 그려 노래를 외우는 데 도움을 받았습니다. 그러나 정확한 음을 표시할 수는 없었지요.

처음으로 계이름을 만든 사람은 11세기에 이탈리아 수도사이자 음악 이론가인 귀도 다레초Guido d'Arezzo(1000~1050년경)입니다. 당시에는 현재와 같은 악보가 발달하지 않아서 성가대가 노래를 배우려면 여러 번 노래를 부르면서 멜로디를 익혀야 했습니다. 그러니 노래를 배우는 데 시간이 오래 걸렸지요. 이 문제를 해결하기 위해 귀도 다레초는 하나의 기준을 만듭니다. 성 요한 찬미가 가사 각 소절의 첫 음이 한

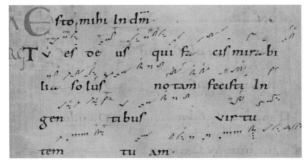

최초의 기보법으로 가사 위에 선율의 높낮이를 그려 표시했다.

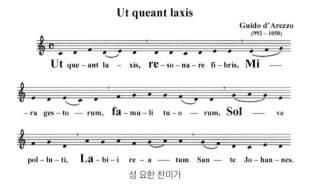

Ut queant laxis

Guido d'Arezzo
(992 – 1050)

Ut que – ant la – xis, re – so – na – re fi – bris, Mi —

– ra ges – to — rum, fa – mu – li tu – o — rum, Sol —— ve

pol – lu – ti, La – bi – i re – a —— tum San — te Jo – han – nes.

성 요한 찬미가

음씩 올라가는 데서 착안해 6개의 계이름을 만든 겁니다.

위 악보는 성 요한 찬미가의 악보를 현대인들이 보기 쉽도록 오선보로 그린 것입니다. 각 구절의 첫 음이 도, 레, 미, 파, 솔, 라 이렇게 한 음씩 상승하지요? 가사는 다음과 같습니다. '당신의 종들이 마음껏 당신이 행한 놀라운 일들을 노래할 수 있도록, 그들의 더럽혀진 입술에서 모든 죄악을 없애 주소서. 오, 성 요한이시여'라는 뜻입니다.

귀도 다레초는 각 구절의 첫 글자의 음을 따 6음계를 만들고 각 음의 철자를 따 '웃트', '레', '미', '파', '솔', '라'라고 이름을 붙였습니다. 17세기에 '웃트'는 주님을 뜻하는 '도미누스'의 첫 글자 '도'로 바뀌었고, '시'가 추가되었습니다. 이렇게 해서 현재 전 세계 사람이 사용하는 '도레미파솔라시도'라는 계이름이 탄생했습니다.

귀도 다레초는 네 줄로 되어 있는 악보, 즉 4선보도 발명하였습니다. 4선보 위에 음표를 그려 음정의 높이를 정확히 표현할 수 있게 된 것입니다. 그리하여 사람들은 악보를 보고 음악을 수월하게 배울 수 있게 되었습니다.

🕐 17-1

성요한 찬미가
이 노래의 각 구절이 한 음씩 올라가는 것에 착안하여 귀도 다레초는 계이름을 만들었습니다.

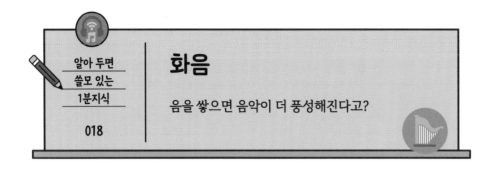

화음

음을 쌓으면 음악이 더 풍성해진다고?

유럽에서는 9세기부터 화음을 만들어 노래하기 시작했습니다. 그전까지는 단선율(하나의 선율)로 불렀지요. 그러다 동시에 다른 음을 불러 화음을 맞추면 음악이 더 풍성해진다는 것을 깨달았습니다. 아래 그림은 9세기 노래를 현대의 오선보로 옮겨 적은 것입니다. 무척 단순하죠? 당시에는 오선보가 없었기 때문에 화음을 맞춰 부르기가 매우 어려웠을 것입니다. 하지만 이렇게 단순한 화음에도 사람들은 아름다움에 매료되었습니다.

9세기 노래의 악보

악보를 보면 유독 1도, 4도 음정이 많습니다. 예를 들어 도-파 화음은 도, 레, 미, 파 네 개 음의 간격으로 되어 있어서 4도 음정이라고 합니다. 1, 4, 5, 8도 음정은 부딪히지 않고 잘 울린다고 해서 완전 음정이라고 합니다. 14세기까지 유럽 사람들은 주로 완전 음정을 사용하여 노래를 불렀습니다.

14세기에 영국과 프랑스 사이에 백년전쟁이 일어납니다. 100년 넘게 이어진 전쟁은 두 나라에 큰 피해를 줬지만, 한편으로 클래식 역사에 중요한 계기를 만들었습니다. 영국에서 많이 사용하던 3도(예: 도-미, 레-파), 6도(예: 도-라, 미-도) 음정이 유럽 대륙에 전파된 것이지요. 이전까지 유럽에서는 완전 음정이 주로 쓰였는데, 3도나 6도의 음정을 사용하니 음악이 훨씬 아름답고 부드럽게 들렸고, 화음이 꽉 찬 느낌이 들었습니다.

화음을 사용하면서 서양 음악에는 여러 가지 특징이 생겨납니다.

첫째 화음을 사용하는 방법에 관한 규칙이 생깁니다. 우리는 이것을 '대위법, 화성법'이라고 부르지요. 반주법이나 기타 코드에 쓰이는 코드보도 화성법을 알파벳으로 바꾼 것이랍니다.

둘째, 기보법이 발달하게 됩니다. 화음을 넣어야 하니까 서로 어느 정도 약속을 해야 하겠죠? 그래서 악보에 표기하기 시작했습니다.

셋째, 즉흥음악이 사라지게 됩니다. 국악이나 인도 음악 등은 즉흥성이 굉장히 강한 음악이지요. 따라서 연주자가 작곡가가 될 수 있습니다. 그러나 서양 음악은 미리 화음을 어떻게 쓸 것인지 작곡가가 정해서 기보한 대로 연주자가 연주해야 불협화음이 생기지 않기 때문에 즉흥 연주는 많이 사라지게 되지요.

ⓥ 18-1
초기 화음의 모습
완전 음정만 사용해 단순한 느낌을 줍니다.

ⓥ 18-2
존 던스터블, 〈그 얼마나 아름답고〉
영국의 대표 작곡가의 노래로 3도, 6도 음정을 많이 사용해서 화음이 부드럽고 풍부합니다.
사랑하는 여인에 대한 마음을 노래한 곡입니다.

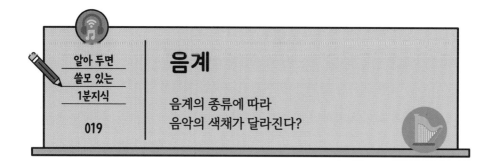

음계

음계의 종류에 따라
음악의 색채가 달라진다?

음계音階는 말 그대로 '음으로 만들어진 계단'을 뜻합니다. 작곡가는 곡을 쓰기 전에 어떤 음계를 사용할지 결정합니다. 그리고 음계에 있는 음을 이용해 음악을 만듭니다. 음계의 음은 요리의 재료나 물감의 색에 비유할 수 있습니다. 재료가 다르면 음식 맛이 달라지고, 색에 따라 그림이 달라지듯, 어떤 음계를 썼는지에 따라 음악의 분위기와 느낌이 전혀 달라집니다.

가장 많이 알려진 음계는 장단조입니다. 장조 음계는 밝고 안정된 느낌을 줍니다. 반대로 단조 음계는 슬프고 애달픈 느낌을 줍니다. 피아노가 있다면 다장조 음계인 '도레미파솔라시도'와 가단조 음계인 '라시도레미파솔라'를 쳐 보세요. 느낌이 다를 것입니다.

계이름의 영어 음이름과 한글 음이름

'도'의 음이름은 한글로 '다', 영어로는 'C'입니다. 그래서 '다장조'를 영어로 'C Major(메이저)'라고 부릅니다. 그런데 왜 '도'음의 이름이 'A', '가'가 아니라 'C', '다'일까요? 다양한 악기의 음 높이를 통일하기 위해 세계 공통으로 정한 진동수의 음을 국제 표준음이라고 합니다. 1초간 진동수 440Hz인 음을 국제 표준음 A로 정했는데, 바로 '라' 음이 여기에 해당합니다. 그래서 '라'의 음이름이 기준이 되어 'A', 가가 되었습니다.

장단조는 17세기에 와서야 확립되었습니다. 고대 그리스부터 르네상스 시대까지 유럽에서 '선법'이라는 음계를 썼습니다. 선법의 이름인 도리아, 프리지아, 리디아, 믹소리디아는 고대 그리스의 부족이나 지역에서 유래한 것입니다. 고대 그리스 시대 만들어진 음계가 르네상스 시대까지 사용된 것입니다. 선법으로 만든 음악의 느낌은 장단조의 느낌과 매우 다릅니다. 토속적이고 동양적인 느낌마저 듭니다. 중세 시대 교회에서 부른 그레고리오 성가가 대표적인 선법 음악입니다.

선법이나 장단조 외에도 전 세계 많은 민족이 다양한 음계를 사용했습니다. 20세기에도 새로운 음계가 만들어졌습니다. 프랑스 작곡가 드뷔시는 파리 음악원의 반항아였습니다. 그는 전통을 거부하고 '온음 음계'라는 새로운 음계를 만들었습니다. 온음 음계에는 모든 음이 '온음' 관계로 되어 있습니다 '시~도'와 같은 반음 진행이 있어야 우리는 음악이 끝났다고 느낍니다. 그런데 반음이 없으니 끝맺음이 없이 선율이 매우 모호하고 몽환적으로 들립니다. 드뷔시는 묘한 느낌의 온음 음계를 사용하여 〈목신의 오후 전주곡〉을 작곡했습니다. 여름날 오후 잠에서 막 깨어난 목신이 어제 오후에 만난 물의 요정을 떠올리는 내용의 곡입니다.

⏱ 19-1
그레고리오 성가 〈키리에〉
선법으로 만든 대표적인 음악입니다. 마음을 정화해 주는 영성적인 곡입니다.

⏱ 19-2
드뷔시, 〈목신의 오후 전주곡〉
온음음계를 사용해 만든 오케스트라 작품입니다. 몽환적이고 묘한 느낌이 가득합니다.

작품 번호

작품 번호를 매기는 규칙은 무엇일까?

클래식 작품의 제목은 복잡한 편입니다. 그냥 '베토벤 피아노 소나타 8번'이라고 부르면 좋으련만, 그 뒤에 알파벳 약자와 숫자가 길게 이어집니다. 그러나 원칙을 알고 나면 이해하기가 그리 어렵지 않습니다.

베토벤 피아노 소나타 8번 〈비창〉을 같이 살펴봅시다. 원제목은 Piano Sonata No. 8 in c minor, Op. 13 Pathétique입니다. 제목이 아주 길지요?

맨 앞에서 이 곡을 연주하는 장르를 소개합니다. 이 곡은 '피아노 소나타'군요. No. 8은 피아노 소나타 중 여덟 번째로 작곡한 곡이라는 뜻입니다. 그다음에는 조성을 소개하는데, 이 곡은 c단조입니다. Op. 13은 베토벤이 열세 번째로 출판한 작품이라는 뜻입니다. Op는 라틴어 '오푸스Opus'의 약자로 '작품'이라는 뜻입니다. No는 해당 장르의 몇 번째 작품인지, Op는 몇 번째 출판한 작품인지 표시하는 것입니다. 즉 이 곡은 베토벤이 열세 번째로 출판한 작품이며, 피아노 소나타로는 여덟 번째 곡이라는 뜻입니다.

마지막의 'Pathétique'은 영어의 pathetic과 같은 어원으로 '슬픈, 불쌍한'이라는 뜻입니다. 베토벤이 직접 붙인 게 아니고 이 곡의 드라마틱한 멜로디를 보고 출판사가 제목을 붙였다고 합니다.

베토벤은 최초로 Op 번호, 즉 작품 번호를 제대로 붙인 작곡가입니다. 이전의 작곡가들은 작품 번호를 제대로 붙이지 않았습니다. 그래서 음악학자들이 후대에 악

모차르트의 작품을 정리한 루트비히 폰 쾨헬　　바흐의 작품을 정리한 볼프강 슈미더

보를 연구하며 작품 번호를 붙인 경우가 많습니다. 모차르트의 작품에는 Op 대신 K 번호를 붙이고 쾨헬 번호라고 읽습니다. 평생 모차르트 작품을 연구한 오스트리아 음악학자 루트비히 폰 쾨헬이 모차르트의 작품 총 626곡에 자기 성의 알파벳 첫 글자를 따 K 번호를 붙여 작품 순서를 정리했습니다.

바흐의 작품에는 독일어로 '바흐의 작품 목록'이라는 뜻의 'Bach Werke Verzeichnis'의 약자인 BWV를 씁니다. 평생 바흐 음악 연구에 매진한 독일 음악학자 볼프강 슈미더가 1950년 바흐의 작품을 장르별로 분류해 번호를 붙인 것입니다. 현재까지 무려 1,120개의 바흐 작품을 정리했습니다. 하이든의 작품에는 Hob를 붙이며 호보켄이라고 읽습니다. 1800년대 후반 하이든의 작품 목록을 정리한 네덜란드의 안토니 판 호보켄의 이름을 딴 것입니다. 슈베르트 작품에는 작품을 정리한 오토 에리히 도이치의 이니셜을 따서 D를 사용합니다. 이렇듯 작품 목록을 정리한 사람의 이니셜을 사용하기도 하지만, 가장 많이 사용되는 작품 번호 약호는 Op입니다. 유튜브에서 곡을 검색할 때 작품 번호까지 입력하면 더 빨리 찾을 수 있습니다.

빠르기말

알레그로, 안단테, 모데라토는 무슨 뜻일까?

클래식 작품의 각 악장의 제목에는 모차르트 피아노 소나타 1악장 '알레그로Allegro' 처럼 이탈리아어 단어가 붙습니다. 곡의 빠르기나 분위기를 나타내는 말입니다. 이탈리아는 클래식 음악사에서 중심에 있던 국가였습니다. 많은 작곡가들이 음악을 배우기 위해 이탈리아에 갔고, 이탈리아에서 출판한 악보가 전 유럽으로 수출되었습니다. 그래서 클래식 음악 용어 중에 이탈리아어가 많습니다. 이 용어의 뜻을 알면 어떤 분위기의 곡인지 유추해 볼 수 있습니다.

알레그로Allegro(빠르게), 안단테Andante(느리게), 모데라토Moderato(보통 빠르기로)는 빠르기 뿐만 아니라 분위기를 나타내는 속뜻이 있습니다. 예를 들어 많이 사용되는 빠르기말 중 하나인 알레그로는 '즐겁게, 명랑하게, 생동감 있게' 연주하라는 뜻입니다. 모데라토는 영어 'modertate'와 같은 어원으로 '보통으로, 온건하고 차분하게' 보통 빠르기로 연주하라는 뜻입니다. 느리게 연주하라는 뜻의 안단테는 '한가롭게 거닐듯이' 연주하라는 뜻이 내포되어 있습니다. 매우 느리게 연주해야 하는 아다지오Adagio 는 '걱정 없이 느긋하게' 연주하라는 의미입니다.

극도로 빠르거나 느린 템포를 뜻하는 빠르기말도 살펴볼까요? 매우 빠르게 연주해야 하는 프레스토Presto는 '즉각적으로 지체없이, 신속하게' 연주해야 합니다. 역시 매우 빠르게 연주하는 비바체Vivace는 '원기왕성하게, 유쾌하게' 라는 뜻을 갖고 있습니다. 반면, 라르고Largo는 영어 'Large'와 같은 어원으로 '넓고 방대한 느낌으로' 아주

빠르기말	의미
Presto(프레스토)	매우 빠르게
Vivace(비바체)	아주 빠르게
Allegro(알레그로)	빠르게
Allegretto(알레그레토)	조금 빠르게
Moderato(모데라토)	보통 빠르기로
Andantino(안단티노)	조금 느리게
Andante(안단테)	느리게
Largo(라르고)	아주 느리게
Adagio(아다지오)	아주 느리게
Lento(렌토)	매우 느리게

빠르기말

느리게 연주하라는 뜻입니다. 역사상 일찍부터 사용된 렌토Lento는 말 그대로 '느리게'라는 뜻으로 매우 느리게 연주하라는 빠르기말입니다. 매우 느리게 연주해야 하는 그라베Grave는 '무겁게, 진지하게' 연주하라는 뜻입니다.

　빠르기말의 어미를 살짝 바꿔 템포를 표시하기도 하죠. 예를 들어 알레그레토 Allegretto는 알레그로에서 파생된 말로 조금 빠르게 연주하라는 뜻입니다. 반면 안단티노Andantino는 안단테에서 파생된 말로 조금 느리게 연주하라는 뜻이지요.

　바로크 시대에는 작곡가들이 빠르기를 상세히 표시하지 않았지만 19세기에 들어와 낭만주의 작곡가들은 빠르기말을 길고 자세하게 표시하기 시작했습니다. 연주자에게 작곡가가 원하는 템포를 정확하게 알려주고 싶었기 때문입니다. 그리고 이탈리아어가 아닌 자국어로 음악 용어를 쓰는 작곡가도 생겨나 슈만은 독일어로도 빠르기말을 붙였습니다. 예를 들어 '랑잠langsam'은 느리게 연주하라는 뜻입니다.

　빠르기말을 일부러 모두 외울 필요는 없지만 빠르기말의 뜻을 이해하면 연주할 곡의 분위기가 어떨지, 혹은 본인이 연주할 경우 어떻게 연주해야 하는지 쉽게 유추해 볼 수 있습니다. 음악을 더 재미있게 즐길 수 있지요.

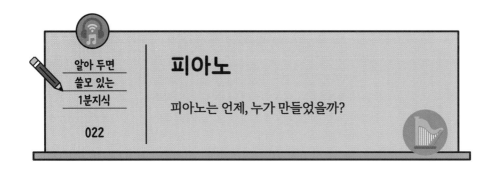

피아노

피아노는 언제, 누가 만들었을까?

피아노는 매우 오래된 악기인 것 같지만 발명된 지 300여 년밖에 되지 않았습니다. 유럽에서는 1700년대 초반까지 피아노의 전신인 '하프시코드'가 인기를 끌었습니다. 교회에서는 오르간을 연주했습니다. 하프시코드는 피아노와 달리 건반이 2개입니다. 챙챙거리는 쇳소리가 특징입니다. 아래 건반은 큰 소리, 윗 건반은 작은 소리가 납니다. 하지만 하프시코드는 크레센도(점점 크게) 같은 점진적인 다이내믹을 표현하지 못했어요. 이런 점을 보완해서 다양한 셈여림, 즉 크레센도와 디미뉴엔도(점점 작게)가 가능한 건반악기인 '피아노'가 17세기 말 피렌체에서 발명되었습니다.

메디치 가문의 악기 제작을 담당하던 바르톨로메오 크리스토포리는 드디어 1710년경 피아노를 3대 완성했습니다. 하지만 처음에는 별로 주목받지 못했지요. 바흐도 피아노를 보고 좋아하지 않았다고 전해집니다. 그러나 산업혁명을 거치며 공장에서 피아노 대량생산이 가능해져 가격이 낮아졌습니다. 프랑스 혁명을 거치면서 중산층 계급도 귀족처럼 자녀들에게 악기를 가르치고 싶었습니다. 중산층 가정의 소녀들은 '피아노'를 필수 교양으로 배우기 시작했어요.

피아노는 총 88개의 건반이 있습니다. 오르간과 더불어 음역이 가장 넓은 악기에 속합니다. 페달이 달려 있어 소리를 풍성하게 낼 수 있습니다. 따라서 한 악기로 오케스트라처럼 주요 멜로디와 반주를 동시에 연주할 수 있습니다. 이러한 매력 덕분에 작곡가들은 피아노를 사랑하게 되었고, 많은 작품을 남겼습니다.

고전주의 시대 대표 작곡가인 모차르트와 하이든의 피아노 소나타는 언제 들어도 단아하고 균형 잡힌 멜로디가 듣기 좋습니다. 고전주의와 낭만주의를 잇는 가교 역할을 한 베토벤은 〈비창〉, 〈월광〉 등 32개의 피아노 소나타를 남겼습니다. 피아니스트라면 꼭 공부해야 할 작품들입니다.

1646년에 앤드워프와 안드레아 루커스가 제작한 하프시코드

낭만주의 시대에는 짧은 피아노 소품들이 많이 작곡되었습니다. 쇼팽은 파리에서 활동한 피아니스트이자 작곡가였는데 녹턴, 프렐류드, 왈츠 등 다양한 피아노 소품을 남겼습니다. 쇼팽의 피아노 곡은 클래식 초보자도 쉽게 좋아할 만한 작품들입니다. 리스트는 아이돌 못지 않은 인기를 누리며 유럽 귀족 부인들과 많은 염문을 뿌렸던 화려한 피아니스트이자 작곡가입니다. 그의 작품 중 〈위로〉, 〈사랑의 꿈 3번〉을 추천합니다. 19세기 낭만주의를 계승한 20세기 작곡가는 라흐마니노프입니다. 그는 러시아 출신인데 손이 매우 컸다고 해요. 그래서인지 그의 작품은 정말 기교적으로 어렵습니다. 그러나 낭만적인 선율은 늘 많은 사랑을 받았습니다. 그의 작품 중 피아노 협주곡 2번은 가장 인기 있는 클래식 명곡 1위에 자주 꼽히는 작품입니다.

⏱ 22-1
바흐, 〈골드베르크 변주곡〉 BWV 988 (하프시코드 연주)
심한 불면증을 앓고 있던 독일 카이저링크 백작은 바흐에게 수면 유도용 음악을 의뢰합니다. 바흐는 이에 1시간 남짓 걸리는 변주곡을 작곡해 줍니다. 백작은 이 작품에 크게 만족하면서 골드베르크라는 하프시코드 연주자에게 자주 연주를 시켰답니다.

⏱ 22-2
베토벤, 소나타 14번 〈월광〉 Op. 27-2
1악장이 보통 경쾌하고 빠른 템포로 되어 있는 데에 반해, 이 곡은 느리고 몽환적입니다. 그래서 후대 사람들이 '월광(달빛)'이라는 제목을 붙였습니다. 베토벤이 사랑한 여인 줄리에타에게 헌정한 곡입니다.

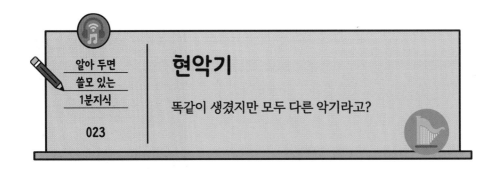

알아 두면
쓸모 있는
1분지식

023

현악기

똑같이 생겼지만 모두 다른 악기라고?

유럽의 대표적인 현악기인 바이올린은 서아시아 지역에서 유래했다고 합니다. 11세기에 무슬림이 스페인을 정복할 때 가져온 악기가 유럽에 전파되었다고 합니다.

바이올린의 할아버지 격인 '비올'은 중세 시대부터 연주되었습니다. 현재의 바이올린 모양을 갖춘 시기는 17세기인 바로크 시대입니다. 현재 오케스트라에서 쓰이는 바이올린, 비올라, 첼로, 콘트라베이스는 모양은 동일하고 크기만 다릅니다. 크기가 클수록 낮은 소리가 나고 작을수록 높은 소리가 납니다. 모두 현이 네 줄이고 가운데에 알파벳 f자와 비슷한 구멍(f 홀)이 있습니다. f홀은 소리의 울림을 돕는 역할을 합니다.

가장 높은 음역을 맡는 바이올린은 합주할 때 보통 주선율을 연주합니다. 소리의 특성상 곡을 이끌어 가는 경우가 많아 피아노 다음으로 작곡가들이 많은 작품을 남긴 악기입니다. 바이올린보다 조금 큰 비올라는 바이올린보다 낮은 소리를 냅니다. 합창에서 '알토'와 같은 역할을 하며, 프랑스에서는 실제로 '알토'라고 부르기도 합니다. 첼로는 성인 여성의 키만큼 커서 사람이 앉아서 연주해야 합니다. 저음을 내다보니 처음에는 주로 반주에 이용되었지만, 하이든이 활동한 고전주의 시대부터 작곡가들이 첼로에 매력을 느끼면서 첼로 독주 작품을 많이 작곡했습니다. 첼로의 소리는 낮고 부드러워서 인간의 목소리와 가장 비슷한 악기라고 일컬어집니다. 콘트라베이스는 첼로보다 더 낮은 소리를 냅니다. 크기도 매우 커서 사람이 서서 또는 높은 의자에 앉아 연주합니다. 오케스트라에서는 저음을 보강하는 역할을 합니다. 재즈

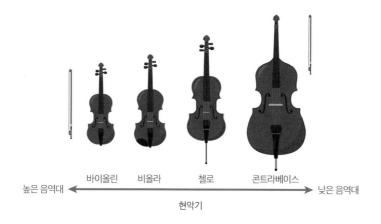

높은 음역대 ←――――――――――――――――→ 낮은 음역대

바이올린　　비올라　　　첼로　　　콘트라베이스

현악기

장르에서는 리듬 파트를 맡아 손으로 현을 뜯어 연주합니다.

　바이올린과 비올라 연주자들은 왼쪽 턱에 동전만 한 상처가 있습니다. 보통 왼쪽 턱과 어깨 사이에 악기를 괴고 연주하는데, 장시간 연습하면 턱에 굳은살이 생깁니다. 훈장 같은 상처인 셈입니다. 그렇다면 첼리스트의 굳은살은 어디에 생길까요? 놀랍게도 가슴에 생깁니다. 가슴에 악기를 기대기 때문이지요.

　현악기는 지판을 정확히 짚어야 원하는 음정이 납니다. 처음 바이올린이나 첼로를 배울 때는 지판에 도레미가 적힌 스티커 붙인 후 연습합니다. 그만큼 지판의 위치를 익히고 정확히 짚는 것이 매우 중요합니다. 현악기의 대표적인 테크닉인 '비브라토vivrato'는 노래할 때 떨림을 주어 음향을 풍부하게 하는 '바이브레이션'과 비슷합니다. 지판에 손가락을 대고 좌우로 빠르게 흔들면 마치 사람 목소리처럼 떨림을 만들어 낼 수 있습니다. 그런데 사람마다 손가락의 굵기가 다르고 손가락을 흔드는 속도나 세기가 다릅니다. 따라서 가수의 음색이 모두 다르듯 현악기 연주자마다 음색이 미세하게 달라집니다.

⏱ 23-1
콘트라베이스로 연주하는 〈고엽〉
이탈리아 거리에서 한국인 콘트라베이스 연주자가 현지 연주자들과 샹송 〈고엽〉을 즉흥 연주하는 모습입니다.

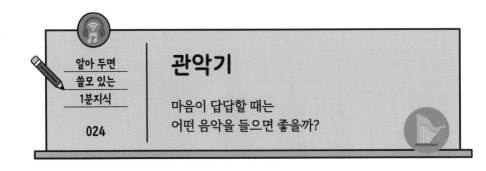

관악기

마음이 답답할 때는
어떤 음악을 들으면 좋을까?

저는 마음이 답답할 때 관악기로 연주하는 곡을 듣습니다. 시원한 호흡으로 연주하는 관악기 음악을 듣다 보면 왠지 마음이 뻥 뚫리는 기분이 들기 때문입니다.

　관악기는 크게 나무로 만든 목관악기와 금속으로 만든 금관악기로 나뉩니다. 대표적인 목관악기는 플루트, 오보에, 클라리넷, 바순입니다. 플루트는 금속으로 만드는데 왜 목관악기로 분류될까요? 19세기 중반까지 플루트를 나무로 제작하다가 금속으로 개량합니다. 금속 플루트의 소리가 더 크고 화려해서 그 후부터 플루트를 금속으로 만들었습니다. 비록 재료가 바뀌었지만, 소리를 내는 방법이 금관악기와 달라 목관악기로 분류됩니다. 플루트는 단소처럼 포물선을 그리듯 바람을 불어넣어야 소리가 납니다. 음색이 자연과 닮아 있으며 경쾌하고 높은 소리가 납니다. 가끔 플루트보다 더 높은 소리가 필요할 경우에는 피콜로를 연주합니다. 플루트보다 길이가 짧아 더 높은 음역을 냅니다. 피콜로는 보통 플루트 연주자가 연주합니다.

　오보에와 클라리넷은 비슷해 보이지만 입으로 부는 부분을 보면 구분할 수 있습니다. 오보에는 입을 대는 부분에 빨대같이 생긴 뾰족한 나무 조각이 붙어 있는데, 리드reed라고 합니다. 갈대 두 조각을 붙여 만든 겹리드가 떨면서 소리를 내지요. 클라리넷은 입으로 부는 부분이 리코더처럼 뭉툭합니다. 이 부분을 마우스피스라고 부르는데, 뒤쪽에 리드를 한 조각(홑리드)만 붙여서 연주합니다. 오보에는 클라리넷보다 음역이 높습니다. 소리가 뾰족하고 밤하늘의 별빛처럼 또렷한 소리가 납니다. 클라리넷은 오보에보다 음역의 폭이 넓어 표현력이 풍부합니다. 고음에서는 목가적인 소리가 나고 저음에서는 굵고 매력적인 소리가 납니다.

바순은 목관악기 중에서 가장 큰 악기입니다. 독일에서는 '파곳'이라고 부르는데, 독일어로 파곳은 '장작더미'라는 뜻입니다. 장작개비처럼 길게 생긴 바순은 낮은 음역으로 뿍뿍 하는 소리를 내기 때문에 익살스러운 효과를 내기도 합니다. 프로코피에프의 음악 동화 〈피터와 늑대〉에서 바순은 피터의 할아버지 역할을 맡습니다.

트럼펫은 금관악기 중 크기가 가장 작지만, 음역이 가장 높고 소리가 화려합니다. 그래서 왕이 행차할 때나 군대의 승전보를 울릴 때 사용했습니다. 트롬본은 슬라이드를 밀고 당겨서 음높이를 조절합니다. 트럼펫보다 낮은 음역을 담당합니다. 호른은 긴 관을 둥글게 말아놓은 모양인데, 긴 관을 펴면 길이가 자그마치 5미터나 된다고 합니다. 호른은 금관악기 중에 가장 소리가 부드러워서 목관악기 합주에도 종종 사용됩니다. 금관악기 중 가장 큰 튜바는 그만큼 매우 낮은 소리를 냅니다. 튜바는 19세기 낭만주의 시대에 오케스트라의 규모가 커지면서 자주 사용되기 시작했습니다.

⏱ 24-1

영화 〈웰컴투 동막골〉 OST 중 카자부에 (오보에 연주)
영화음악 작곡가 오시마 미치루의 곡입니다. 카자부에는 '풍적風笛' 즉 바람피리라는 뜻으로, 일본의 한 드라마 주제가로 작곡되었다가 영화 〈웰컴투 동막골〉에 삽입되며 우리나라에서 유명해진 곡입니다.

⏱ 24-2

디즈니 영화음악 메들리 (금관 5중주)
알라딘, 라이온킹, 인어공주, 미녀와 야수 등 인기있는 디즈니 만화 영화 주제가를 금관 5중주로 연주합니다.

타악기

타악기 연주자는 연주하지 않을 때
무엇을 할까?

오케스트라 공연에서 한 곡이 연주되는 내내 가만히 있다가 끝날 때 심벌즈를 '꽝' 하고 치는 모습을 본 적이 있을 겁니다. 이 모습을 보고 어떤 사람은 이렇게 오해합니다. '연주 내내 쉬다가 마지막에 한 번만 치면 되니까 다른 악기보다 훨씬 쉽겠는데?'

정말 그럴까요? 오케스트라 연주를 열차 운행에 비유한다면 타악기 연주자는 움직이는 열차를 계속 지켜보다가 적절한 타이밍에 열차에 올라탔다가 내리는 승무원이라고 할 수 있습니다. 열차에 올라탈 타이밍을 잡기 위해 집중하는 승무원처럼 타악기 연주자도 연주 내내 속으로 마디 수를 열심히 셉니다. 예를 들어 곡을 시작한 지 300마디 후에 타악기를 연주해야 하면 처음부터 300마디까지 계속 세야 합니다. 엉뚱한 부분에서 타악기를 치면 연주를 망치기 때문에 엄청나게 집중해야 합니다.

작곡가는 악보에서 마디를 쉬는 부분에 숫자를 씁니다. 예를 들어 5를 쓰면 다섯 마디를 쉬고 나오라는 뜻입니다. 다섯 마디 정도 쉬었다가 들어오기는 크게 어렵지 않지만 곡에 따라 100~300마디를 쉬기도 합니다. 그러다 보니 타악기 연주자는 곡의 전체 진행을 알기 위해 오케스트라 총보를 따로 구입해서 미리 공부하기도 합니다.

타악기 연주자는 연습하기 전에 작품에 알맞은 타악기의 종류와 재질을 지휘자와 상의한 후 결정합니다. 신비주의에 심취한 러시아 작곡가 스크리아빈은 〈법열(진리를 깨우친 황홀한 경지)의 시〉라는 오케스트라 작품에서 악보에 '종'을 사용하라고 지시했습니다. 이 곡을 연주한다면 먼저 타악기 연주자는 작품을 공부한 후 무게와 재질을 고려해 작품에 어울리는 몇몇 종류의 종을 선정합니다. 이 종들을 가지고 지휘자와 상의한 후 연주에 사용할 종을 결정합니다. 북도 북채에 따라 소리가 달라집니다. 딱딱한 북채로 치면 명료한 소리가 나고, 솜을 두껍게 붙인 북채로 치면 부드러운 소리가 납니다. 이때 곡에 알맞은 북채를 고르는 것도 연주자가 할 일입니다.

지휘자는 오케스트라 단원에게 주법에 대해 요구할 수 있지만 악기 교체를 지시하지는 않습니다. 예를 들어 '좀 더 큰 오보에로 연주해 주세요'라거나 '활을 더 작은 것으로 사용해 주세요'라고 요구하지 않습니다. 악기의 크기와 종류가 정해져 있기 때문입니다. 그러나 타악기 연주자에게는 악기 자체에 대해 많이 지시합니다. 작품 분위기에 따라 더 부드러운 스틱으로 연주해 달라거나 더 무거운 종으로 바꾸어 달라고 요구합니다. 외국의 유명한 타악기 주자들은 타악기 회사나 공방을 운영하는 경우가 많습니다. 기성 제품으로는 지휘자가 요구하는 소리를 낼 수 없어서 직접 타악기를 만들어 사용하기 때문입니다.

실로폰 외에도 음정이 있는 타악기가 또 있습니다. 바로 '팀파니'입니다. 팀파니는 움푹한 그릇처럼 생긴 공명통에 얇은 가죽을 붙인 북입니다. 보통 한 번에 2~4개를 사용합니다. 팀파니는 가장 중요한 음인 으뜸음 '도'와 딸림음 '솔' 음을 냅니다. 팀파니를 2개 쓸 때 하나는 '도', 하나는 '솔' 음으로 조율하지요. 팀파니의 가죽은 습도나 온도에 매우 민감합니다. 미리 조율해 놓아도 가죽이 늘어나면서 연주 도중에 음정이 바뀝니다. 따라서 팀파니 주자는 다장조인 '도, 솔'로 연주하다가 곡 중간에 라장조로 조바꿈이 되면 팀파니에 귀를 대고 들으면서 '레, 라'로 조율합니다. 팀파니 주자가 연주 중에 여러 번 얼굴을 팀파니에 갖다 대는 모습을 보고 어떤 사람은 팀파니의 냄새를 맡는다고 오해하기도 합니다.

🕐 25-1
팀파니를 튜닝하는 모습

🕐 25-2
마림바로 연주하는 〈댄스 몽키〉
커다란 실로폰처럼 생긴 마림바로 팝송을 연주하는 모습입니다.

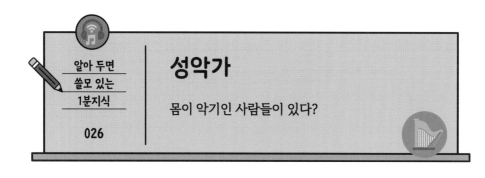

성악가

몸이 악기인 사람들이 있다?

연주자가 악기로 연주하듯 성악가는 몸으로 연주합니다. 따라서 성악가들은 목뿐만 아니라 몸 관리에 세심하게 신경을 씁니다. 맵고 짠 음식은 목에 무리가 가므로 평소에도 잘 먹지 않습니다. 무대에 오르기 전에는 미지근한 물만 마십니다. 초콜릿, 유제품, 매운 음식을 먹으면 목에 가래가 낄 수 있어 공연하기 전은 물론이고 평소에도 먹지 않는 성악가가 많다고 합니다. 정말 철저한 자기 관리가 필요한 직업이지요. 노래하려면 타고난 목청이 좋아야겠지만 호흡도 매우 중요합니다. 따라서 연주 전에는 음식을 먹지 않고 위장을 비우는 성악가가 많습니다. 위장을 비워야 폐를 넓게 쓸 수 있으므로 큰 호흡을 이용해 더욱 풍성한 소리를 낼 수 있습니다.

남성과 여성의 음역은 한 옥타브 차이가 납니다. 높은 음역대의 소리를 내는 여성 성악가를 소프라노, 중간 음역대의 경우 메조 소프라노, 가장 낮은 음역대의 경우 알토라고 부릅니다. 남성의 경우에는 높은 음역대부터 테너, 바리톤, 베이스로 나뉩니다.

그 외에 '카운터 테너'라고 불리는 사람들도 있습니다. 가성을 쓰는 '팔세토' 창법을 사용해 여성 음역대로 노래하는 남성 성악가를 카운터테너라고 합니다. 17~18세기 유럽에서는 여성이 무대에 설 수 없었기 때문에 목소리가 좋은 소년이 변성기 전에 거세해서 여자 역할을 시키는 관습이 있었습니다. 이러한 성악가를 '카스트라토'라고 합니다. 영화 〈파리넬리〉는 실제 유명했던 카스트라토 파리넬리의 일생을 그린 영화입니다. 지금은 카스트라토 관행은 사라졌고 카운터 테너가 높은 음역대의 노래를 합니다.

카스트라토 파리넬리

고난도의 기교를 뽐내는 소프라노를 '콜로라투라' 소프라노라고 부릅니다. 모차르트의 마지막 오페라 〈마술피리〉에 나오는 '밤의 여왕 아리아'는 대표적인 콜로라투라 소프라노 곡입니다. 인간의 한계를 뛰어넘는 고음을 연속적으로 내야 합니다.

바그너의 음악극은 한 작품당 길이가 4시간 가까이 되는 대작입니다. 소리가 우렁차고 성량이 큰 성악가들이 바그너의 작품을 합니다. 바그너의 음악극을 주로 하는 성악가를 '바그네리안'이라고 부릅니다.

악기는 어렸을 때부터 배워야 하지만, 성악은 10대 후반에 레슨을 받기 시작해도 됩니다. 대신 타고난 성량이나 음색이 매우 중요합니다. 성악가들은 한국어뿐만 아니라 이탈리아어, 독일어, 불어, 러시아어 등으로 가곡이나 오페라를 불러야 합니다. 외국어로 된 가사를 모두 외워야 하고, 가사의 내용과 이미지를 잘 표현할 수 있어야 하죠. 예전에 조수미씨도 티비에 나와서 독일 사람들 앞에서 독일어로 대사를 해야 할 때, 혹시 어색해 보일까봐 매우 긴장했다는 이야기를 한 적이 있습니다.

⊘ 26-1
카운터 테너
〈로델린다〉 중 '살아나라, 폭군이여'

⊘ 26-2
바그네리안
〈트리스탄과 이졸데〉 중 '사랑의 죽음'

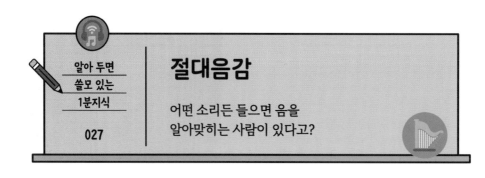

절대음감

어떤 소리든 들으면 음을
알아맞히는 사람이 있다고?

절대음감은 어떤 음을 듣고 무슨 음인지 바로 맞히는 능력입니다. 마치 빨간색을 보면 '빨강'이라고 느끼듯이 절대음감을 가진 사람은 음을 듣고 '도'인지 '솔'인지 바로 압니다. 절대음감은 선천적으로 가진 사람도 있지만 후천적으로 갖게 되기도 합니다. 보통 열 살 이전에 피아노를 배우기 시작해 오랜 기간 연습하면 음을 자연스럽게 외우게 된다고 합니다. 그래서인지 피아노 전공자 중에 절대음감을 가진 사람이 많습니다.

절대음감이 있다면 음악을 할 때 유리한 점이 많은 것은 사실입니다. 음악을 듣고 바로 악보로 옮길 수 있습니다. 악보를 보고 바로 노래하는 것도 가능합니다. 절대음감이 매우 발달한 사람은 생활 소음, 예를 들어 냉장고의 진동 소리나 자동차의 경적 소리를 듣고도 무슨 음인지 대략 맞힐 수 있습니다. 절대음감은 만 명당 한 명 꼴로 있는 희귀한 능력이어서 일반적으로 상대음감이 절대음감보다 못하다고 여겨지지만, 사실은 그렇지 않습니다.

상대음감은 음 자체보다 음의 간격이나 화성의 진행으로 음악을 이해하는 능력입니다. 상대음감인 사람에게는 조옮김을 해서 음악을 들려 주어도 같은 계명으로 들립니다. 화성의 진행이 같기 때문이지요. 예를 들어 동요 〈반짝반짝 작은 별〉의 첫 소절 '도도 솔솔 라라 솔'을 사장조로 조옮김해서 '솔솔 레레 미미 레'로 불러도 상대음감 소유자에게는 '도도 솔솔 라라 솔'이라고 들립니다.

절대음감 소유자는 어떤 소리든 한번 들으면 음을 맞힐 수 있다

　　상대음감 소유자는 음을 듣고 무슨 음인지 바로 맞힐 수는 없지만, 즉석에서 조옮김을 해서 노래하거나 연주하는 경우에는 절대음감인 사람보다 유리합니다. 예를 들어 절대음감인 연주자에게 '도도 솔솔 라라 솔'이라고 적혀 있는 악보를 보고 한음 높여 '레레 라라 시시 라'라고 부르라고 하면 간단한 선율은 가능하지만, 불편해합니다. 악보에 적혀 있는 음과 실제로 내는 음이 다르기 때문입니다. 그러나 상대음감인 연주자는 전혀 불편감을 느끼지 않습니다.

　　또한 클라리넷이나 트럼펫 같은 조옮김 악기를 배울 때 절대음감 소유자는 더 어려울 수 있습니다. 조옮김 악기는 악보에 기보된 음과 다른 음높이의 소리를 내기 때문입니다. 예를 들어 B^b 트럼펫은 악보에 기보된 '도'를 연주하면 '시(B^b)'음이 납니다. B^b 클라리넷도 마찬가지입니다. 클라리넷이나 트럼펫을 연주하면 악보와 다른 음을 내기 때문에 절대음감 소유자들은 혼란을 느낄 수 있습니다.

　　절대음감=음악성이라고 생각하는 것은 오해입니다. 바흐나 모차르트, 슈베르트는 절대음감의 소유자였으나 슈만, 라벨, 바그너는 상대음감이었음에도 훌륭한 작곡가가 되었습니다. 절대음감이 있든 없든 음악을 즐기는 데는 문제가 없습니다. 하지만 지금이라도 절대 음악을 갖고 싶다면 어떤 악기든 꾸준히 연습하고 악보를 계이름으로 부르는 연습을 하면 도움이 될 것입니다.

공연장에 가지 않고도 연주를 보고 싶다면?
_클래식 음악 쉽게 즐기는 법

공연장에 가지 않더라도 클래식 음악을 쉽게 즐기는 방법이 있습니다. 우선 유튜브에는 수많은 클래식 동영상이 있습니다. 초보자들은 어떤 동영상을 골라서 봐야 할지 난감합니다. 일단 자신이 좋아하는 작곡가나 연주자의 이름을 검색해서 들어 봅니다. 너무 긴 곡보다 소품 위주로 들으면 좋습니다. 특히 모차르트, 쇼팽의 소품 중에는 누구나 좋아할 만한 곡이 많지요. 한 가지 팁을 말씀드리면, 흑백 클래식 동영상은 전설적인 연주자의 영상일 가능성이 높습니다. 동영상이 잘 제작되지 않던 시절에 음원을 남겼고 아직까지 사람들이 유튜브에 올린다는 것은 그만큼 유명한 연주자라는 뜻이지요.

악기별로 유명한 연주자의 이름을 몇 명 알아두는 방법도 좋습니다. 대표적인 연주자를 알면 동영상을 고를 때 훨씬 수월합니다. 유튜브에서 쉽게 찾을 수 있는 연주수준이 높은 유명 연주자들을 몇 명 소개하겠습니다.

● 피아노

스뱌토슬라프 리흐테르 Svyatoslav Rikhter(1915~1997)

20세기의 대표적인 러시아 피아니스트. 가장 위대한 연주자 중 한명으로 꼽히며, 악보

그대로 연주하는 것을 철칙으로 삼았습니다. 평생 소련 공산 치하에 있다가 1960년 처음으로 미국에서 연주를 하며 세계적인 명성을 얻게 되었습니다.

바이올리니스트 정경화의 연주 모습

아르투르 루빈슈타인 Artur Rubinstein(1887~1982)

폴란드 출신의 피아니스트, 4세부터 신동으로 이름을 날렸으며, 스트라빈스키, 카잘스, 라벨 등 당대의 음악가들과 교류했습니다. 술과 음식, 여행, 여자를 좋아하며 밝고 외향적인 성격이었습니다. 특히 쇼팽의 연주가 매우 유명합니다.

블라디미르 호로비츠 Vladimir Horowitz(1903~1989)

피아니스트들에게 존경과 찬사를 한 몸에 받은 피아니스트. 그의 피아노 주법은 매우 특이한데, 손가락을 쭉 펴고 치며 페달을 거의 사용하지 않습니다. 그는 '마지막 낭만주의자'라고 불리며 왕성한 연주활동을 했습니다.

● **바이올린**

야샤 하이페츠 Jascha Heifetz(1901~1987)

20세기 최고의 바이올리니스트 중 한 명입니다. 완벽한 테크닉과 정확한 박자, 강렬한 카리스마로 유명한 연주자입니다.

정경화(1948~)

한국이 낳은 세계적인 바이올리니스트. 낭만적인 감수성과 정확한 테크닉, 뛰어난 집중력이 돋보이는 연주자입니다.

● 첼로

므스티슬라프 로스트로포비치 Mstislav Rostropovich(1927~2007)

첼리스트였던 아버지의 영향으로 첼로를 시작한 로스트로포비치는 소련의 대표적인 첼리스트였습니다. 그는 자유를 열망하여 1974년 미국으로 망명했습니다. 첼로 연주 외에도 지휘 활동도 열심히 했습니다.

● 성악

디트리히 피셔 디스카우 Dietrich Fischer-Dieskau(1925~2012)

독일 출신의 바리톤. 독일 가곡의 교과서라 불리는 성악가입니다. 슈베르트, 베토벤, 슈만의 가곡 연주가 특히 유명합니다. 그는 가곡 외에 오페라에서도 기량을 뽐냈으며, 68세에 은퇴한 이후에도 후학을 가르치며 80대까지 왕성하게 활동했습니다.

조안 서덜랜드 Joan Sutherland(1926~2010)

호주 출신의 소프라노. 마리아 칼라스의 뒤를 이어 세계적인 여성 성악가로 활동했습니다. 꾀꼬리같은 맑은 음색으로 고음을 잘 내는 소프라노로 유명했습니다.

● 오케스트라

세계 3대 오케스트라 : 베를린 필(독일), 빈 필(오스트리아), 뉴욕 필(미국)

요즘은 뉴욕 필 대신 로열 콘세르트허바우 오케스트라(네덜란드)를 꼽기도 합니다.

초보자가 클래식 음악을 즐기는 또 다른 방법은 라디오를 활용하는 것입니다. KBS 1FM에서 하루 종일 클래식 방송을 들을 수 있습니다. 프로그램에 따라 특징이 다르니 자신이 선호하는 것을 들으면 됩니다. 클래식 초보자가 듣기 좋은 프로그램은 다음과 같습니다.

- 아침 7~9시 〈새아침의 클래식〉: 경쾌한 클래식 음악과 함께 아침을 열어줍니다.
- 오전 9~11시 〈윤유선의 가정음악〉 (주말에는 〈송영훈의 가정음악〉): 듣기 쉬운 클래식 음악과 더불어 작곡가와 문화에 대한 뒷이야기와 설명을 곁들입니다.
- 오후 12~2시 〈생생 클래식〉: 점심 식사 시간에 맞춰 쉽고 재미있는 클래식 음악을 들려주며, 음악가를 종종 초대하여 인터뷰하기도 합니다.
- 오후 4~5시 〈노래의 날개 위에〉: 나른한 오후, 가곡과 오페라, 크로스오버 등 여러 장르의 성악곡을 들려줍니다.
- 오후 6~8시 〈세계의 모든 음악〉: 클래식이 어렵다고 느껴지는 청취자들에게 라틴 음악, 유럽, 아프리카, 아시아의 대중음악 등 월드뮤직, 클래식 크로스오버 음악, 영화 음악을 들려줍니다.

라디오에서는 진행자가 친절하게 음악에 관해 설명하며 작품을 들려줍니다. 청소년이 듣기 어려운 시간대의 방송도 많지만, 주말이나 저녁 시간 등을 활용해 휴식을 취할 때, 여가 활동을 할 때, 청소 또는 식사할 때 등을 활용해 라디오로 클래식 음악을 들어 보세요. 다시 듣기 서비스나 팟캐스트를 이용해도 좋습니다.

악기를 취미로 배우고 싶어요
_악기를 배울 때 알아 두면 좋은 팁

여러분 중에도 악기 하나 정도는 다뤄 보고 싶다고 생각한 사람이 많을 것입니다. 보통 어릴 때 악기를 배워야 한다고 생각하지만 성인이 되어 배워도 상관없습니다. 악기를 연주하며 얻는 기쁨이 중요하니까요. 어떤 악기를 배울지 잘 모르겠다면 동영상 앱이나 검색 사이트에서 다양한 악기의 연주 동영상을 찾아 보세요. 그중에 마음에 드는 악기를 고르면 됩니다.

사람에 따라 먼저 피아노로 악보 읽는 법을 배운 후 다른 악기를 시작하는 방법이 더 수월할 수도 있습니다. 피아노는 누르면 바로 소리가 나므로 간단한 악보를 읽는 연습을 하기 쉽습니다. 간단한 동요를 칠 수 있는 정도면 다른 악기를 더 빨리 배울 수 있습니다. 그렇다고 바이올린이나 기타부터 배우는 것이 불가능하지는 않습니다. 일단 자기가 관심이 가는 악기를 시작해 보세요. 그것만으로도 악기 배우기의 반은 성공한 것입니다.

악기를 정했으면 선생님을 찾을 차례입니다. 인터넷에서 검색하면 집 주변에 있는 학원을 쉽게 찾을 수 있습니다. 개인 레슨을 원한다면 개인 교습 소개 사이트나 지역 맘카페에서 정보를 얻을 수 있습니다.

학원과 개인 레슨 중 어떤 쪽이 더 좋을까요? 각각 장단점이 있습니다. 학원은 학생을 동시에 여러 명 가르치는 경우가 많습니다. 따라서 선생님이 한 학생을 오래 집중적으로 가르치기 힘듭니다. 하지만 피아노 학원처럼 학생이 악기가 없어도 학원에서 배우고 연습할 수 있습니다. 비교적 학생 수가 적은 시간대를 선택해서 다니는 것도 좋은 방법입니다.

악기를 연주하면 또 다른 기쁨을 느낄 수 있다

개인 레슨은 조용한 공간에서 일대일로 배운다는 것이 가장 큰 장점입니다. 자기 소리에 집중할 수 있고, 선생님께서 좀 더 자세히 가르쳐 줄 수 있습니다. 요즘은 학원과 개인 레슨의 장점을 혼합해 일대일로 레슨하는 소수 정예 학원도 많이 생겨나고 있습니다.

악기를 잘 연주하려면 꾸준한 연습이 중요합니다. 매일 10분씩이라도 계속 연습하면서 악기에 익숙해지도록 노력하고, 점차 시간을 늘려 나갑니다. 할 수 있는 만큼 매일 조금씩 연습하다 보면 자신도 모르는 사이에 실력이 훅 늘게 될 것입니다.

악기 연주에 재미를 느끼게 되면 시간이 날 때 좋아하는 곡을 연주하며 스트레스를 날리고 기분을 풀 수 있습니다. 악기를 배우며 누리는 큰 기쁨 중 하나이지요. 어느 정도 익숙해지면 학교 오케스트라나 밴드에서 합주를 할 수 있습니다. 합주는 다른 사람의 음악 소리에 귀 기울이면서 음악성을 키우고 함께 음악을 만들어 가는 재미가 있으니, 꼭 한 번 해보길 추천합니다. 악기를 배우고 연주하다 보면 그전에는 경험해 보지 못한 기쁨을 느낄 수 있을 것입니다. 일단 한번 도전해 보기를 권합니다.

3장

클래식 역사

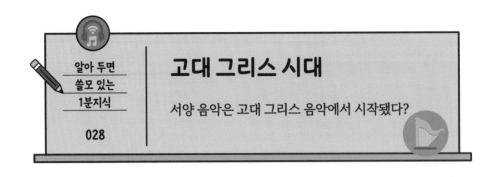

알아 두면
쓸모 있는
1분지식

028

고대 그리스 시대

서양 음악은 고대 그리스 음악에서 시작됐다?

고대 그리스 시대는 서양 문명의 뿌리인 그리스 로마 문화가 시작된 시기입니다. 터키에서 발견된 '세이킬로스의 비문'에는 당시 노래 한 곡의 가사가 새겨져 있습니다. 가사의 내용을 보면 현재를 살고 있는 우리와 크게 다르지 않은 것 같아요. 인생의 무상함과 평화에 대해 노래하고 있습니다.

당신이 살아 있는 동안 마음 편하게 지내요.

아무것도 당신을 괴롭히지 못하게 하세요.

인생은 너무 짧아요.

고대 그리스의 조각과 건축물은 지금도 곳곳에서 쉽게 볼 수 있지만 음악은 음원이 남아 있지 않습니다. 도자기나 그림에 남아 있는 악기의 모습을 보고 재현해서 연주하지요. 고대 그리스의 대표적인 악기는 아울로스와 리라입니다. 우리 나라의 태평소와 비슷한 소리를 내는 아울로스는 피리 두 개를 한꺼번에 연주합니다. 리라는 하프의 전신인 악기로 신화에서 아폴론이나 오르페우스가 즐겨 연주하는 악기이지요. 서정적인 곡을 연주하는 데 적합한 악기입니다.

음악 자체는 전해진 것이 거의 없지만 음악이론은 책으로 후대에 전해졌습니다. 고대 그리스의 유명한 수학자 피타고라스와 철학자 플라톤은 음악에서도 중요한 인물입니다.

피타고라스는 세상 만물을 '수'로 정의하려 했습니다. 그는 음정을 수로 표현하였습니다. 어느날 그는 대장간 앞을 지나다 두 망치가 옥타브 음을 내는 것을 발견했습니다. 망치의 무게를 달아 보니 1:2의 비율로 되어 있었습니다. 2:3의 비율로 되면 완전 5도 화음(도와 솔)이 난다는 것을 알게 되었습니다. 피타고라스 덕분에 음정을 숫자로 표현할 수 있게 되었습니다.

플라톤은 『국가론』에서 음악은 영혼에 지대한 영향을 끼친다고 주장했지요. 고대

세이킬로스의 비문에 새겨진 노래 가사

인들은 음악이 특별한 힘을 가졌다고 생각했습니다. 따라서 좋은 음악을 골라 들어야 바른 인성을 키울 수 있다고 주장했습니다. 플라톤의 생각은 지금도 이어지고 있습니다. 태교 음악으로 아름다운 모차르트의 음악을 듣고, 학교에서 좋은 클래식 음악을 교육하는 것이 그 이유지요.

28-1
아울로스로 연주하는 모습

28-2
리라로 연주하는 캐롤

28-3
세이킬로스의 비문 노래

중세 시대

엄숙한 중세 시대에도 대중음악이 있었다?

중세는 400~1400년까지 1000년에 가까운 시기를 말합니다. 당시 유럽은 기독교 중심 사회였습니다. 유럽의 땅은 왕이나 귀족, 영주가 다스리는 작은 영토로 이루어져 있었고, 대부분의 사람은 농노, 즉 노예와 가까운 신분으로 일했습니다. 이를 봉건제도라고 합니다.

학문과 문학은 수도원과 교회를 중심으로 발전했습니다. 중세 음악 중 가장 중요한 것은 성당에서 부르던 '그레고리오 성가'입니다. 단선율로 되어 있는 영성스럽고 아름다운 전례 음악입니다. 그레고리오 성가는 세 가지 특징이 있습니다. 반드시 남성이 불러야 하고, 단선율로 되어 있으며, 악기 반주는 하지 않는다는 것입니다. 악기는 세속적이라 여겨 교회에서는 오르간을 제외하고 어떠한 악기도 연주하지 않았습니다.

당시 유럽의 전례 음악은 지역마다 다르게 발달했는데 그레고리오 1세 교황은 서기 600년경에 로마 중심으로 전례 음악을 통일했고, 그의 이름을 따서 이를 〈그레고리오 성가〉라 부르게 되었습니다. 전설에 따르면 그는 성령을 상징하는 비둘기가 불

29-1
그레고리오 성가 〈하느님의 어린양〉

29-2
벵타도른, 〈종달새가 날개를〉
중세 시대 당시 가장 인기 있었던 음유시인 벵타도른의 대표곡입니다.

중세시대 악기의 모습

러주는 대로 선율을 받아 적었다고 합니다.

기독교 신앙이 삶의 중심이던 중세 시대에도 과연 대중들이 부르던 대중음악이 있었을까요? 정답은 'YES'입니다. 사람 사는 사회는 언제나 삶을 노래하고 위로해주던 대중음악이 있었죠. 중세 시대에는 시에 음악을 붙여서 연주하는 음유시인들이 많았습니다. 중세 시대에 특히 인기 있던 주제는 '금기된 사랑'이에요. 당시 유럽은 신분제도가 엄격했는데, 자신이 근접할 수 없는 고귀한 신분의 귀족 부인, 더구나 결혼한 유부녀에 대한 사랑을 노래하는 곡이 크게 유행했습니다.

교회에서는 악기가 세속적인 거라 여겨 금지하고 인간의 목소리로만 찬양하도록 했지만 대중들은 평소에 자유롭게 악기를 사용했습니다. 사람들은 주로 '춤곡'을 연주했어요. 짧은 곡 여러 개로 이루어진 춤곡에 맞춰 춤을 추었는데 이를 '에스탕피'라고 부릅니다.

⏱ 29-3
에스탕피
중세 시대 춤을 재현한 동영상입니다.

르네상스 시대

르네상스인들은 어떤 음악을 좋아했을까?

르네상스 시대는 중세 기독교 사상에서 벗어나 고대 그리스로마 문화를 부활하고 인간을 중심으로 생각하는 인본주의가 발달했습니다. 르네상스라는 말은 프랑스어로 '다시 태어나다' 즉 '부활'을 뜻합니다. 르네상스는 15~16세기 이탈리아 피렌체를 중심으로 발전했습니다.

르네상스 시대에는 미술과 조각이 크게 발달했습니다. 1501년 미켈란젤로의 〈피에타〉가 완성되었고, 1503년 레오나르도 다빈치는 〈모나리자〉를 그렸습니다. 흥미로운 것은 당시 유명한 미술가, 건축가는 모두 이탈리아인이었던 반면 음악가는 모두 현재의 네덜란드, 벨기에, 프랑스 북부를 아우르는 플랑드르 지역 출신이라는 점입니다. 〈플란더스의 개〉라는 동화도 벨기에 작은 마을, 즉 플랑드르 지역에서 일어난 소년과 개의 우정을 그린 이야기지요.

르네상스 사람들은 4~16명 정도 모여서 소규모로 합창하는 것을 좋아했습니다. 종교적인 노래를 부르기도 하고, 다양한 시에 멜로디를 붙여 노래하기도 했습니다.

르네상스 시대 가장 중요한 작곡가 중 한 명은 죠스캥 데프레Josquin des Prez(1440년

30-1
죠스캥 데프레, 〈아베마리아〉
모방 기법을 볼 수 있는 노래. 성모마리아를 찬양하는 내용입니다.

30-2
아르카델트, 〈희고 부드러운 백조〉
16세기 널리 알려진 마드리갈

16세기 르네상스 사람들이 모여서 노래 부르는 모습

경~1521)입니다. 죠스캥의 노래를 보면 보통 3~4성부로 되어 있는데, 각 성부가 동시에 나오지 않고 '돌림노래'처럼 잠깐 쉬었다가 차례대로 나옵니다. 악보를 보면서 자세히 알아볼까요?

조스캥 데프레가 만든 〈아베 마리아〉의 앞부분 악보에서 소프라노Superius가 '솔도'라는 음으로 노래를 시작하면, 알토altus가 두 마디 후 한 옥타브 밑에서 '솔 도'로 같은 멜로디를 따라 부릅니다. 테너tenor는 두 마디 후에 '솔 도'로 노래를 시작하고 마지막으로 베이스bassus가 두 마디 후에 낮은 음자리표로 '솔 도'하며 같은 멜로디를 부릅니다.

당시에는 모든 성부가 동시에 나오는 것보다 시차를 두고 같은 멜로디를 따라 부르는 것을 좋아했습니다. 앞의 성부에 나온 선율을 모방한다고 하여 이를 '모방 기법'

30-3
르네상스 춤을 재연한 댄스 동영상

조스캥 데프레의 〈아베마리아〉 앞부분 악보

이라고 하며, 이러한 작곡 기법을 '대위법'이라고 부릅니다.

대위법으로 작곡한 음악을 '다성 음악(폴리포니polyphony)'라고 합니다. '폴리Poly'는 여러 개, '포니Phony'는 소리를 뜻하는 말로 여러 개의 성부로 되어 있는 음악이라는 뜻입니다. 다성 음악은 여러 개의 성부가 모두 동등한 역할을 합니다. 일반적으로 알고 있는 주선율에 간단한 반주를 붙이는 음악과 다른 모습이지요. 다성 음악은 17세기 전반 바로크 시대까지 유행합니다.

당시 인기 있던 또 다른 작곡 기법은 '가사 그리기word painting'입니다. 가사 그리기 기법이란 가사의 뜻을 멜로디로 표현하는 것입니다. 예를 들어 '하늘'이라는 가사에는 높은 음을, '땅'이라는 가사에는 낮은 음을 사용하는 것입니다. '죽음'이나 '절망' 같은 가사에는 불협화음을 사용했습니다.

16세기에 들어서 이탈리아에서 '마드리갈'이 크게 인기를 얻으며, 전 유럽에서 사랑을 받습니다. 이에 따라 이탈리아가 처음으로 유럽 음악의 중심지로 급부상하게됩니다. 마드리갈은 이탈리아에서 시작된 소규모 합창곡입니다. 마드리갈은 시의 내용과 분위기를 표현하는 것이 중요한 장르였어요. 따라서 가사의 내용을 묘사하는 '가사 그리기' 기법이 즐겨 사용됩니다.

르네상스 시대에 들어 예전보다 악기를 사용하는 경우가 더 빈번해졌습니다. 이전까지 성악만 중시되었으나 기악음악이 처음으로 발달하기 시작했지요. 르네상스

헤라드 반 혼토르스트, 〈르네상스 음악가들의 콘서트〉, 1623년

시대 사람들은 악기 반주에 맞춰 춤추는 것을 좋아했습니다. 르네상스 시대 가장 인기 있던 악기 중 하나는 류트입니다. 그림 〈르네상스 음악가들의 콘서트〉의 오른쪽에 파란색 드레스를 입고 있는 여인이 연주하는 악기가 류트입니다. 기타와 비슷하게 생겼지만 지판 끝의 줄 감는 부분이 직각으로 꺾여 있으며 악기의 뒷판은 바가지처럼 둥글게 생겼습니다. 당시 교양 있는 여인이라면 누구나 류트를 연주할 수 있어야 했지요.

르네상스의 음악은 중세 시대에 비해 불협화음을 덜 사용해서 음악이 좀더 부드러웠습니다. 여전히 미사곡을 비롯한 종교 음악을 많이 작곡했지만 동시에 다양한 시에 선율을 붙여 세속적인 노래도 많이 만들었습니다. 그리스에서 계승된 선법 음계를 사용하였으나 16세기 말에 들어서면서 점차 장단조에 대한 개념이 생겨나기 시작합니다.

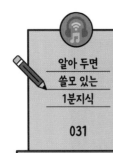
바로크 시대

오늘날과 같은 클래식 음악은
언제 시작되었을까?

오늘날 공연장에서 많이 연주되는 클래식 음악은 언제부터 시작되었을까요? 그 시작은 바로크시대로 거슬러 올라갑니다. 지금으로부터 400여 년밖에 되지 않습니다.

서양 음악사에서 바로크 시대는 르네상스가 끝나는 1600년경부터 바흐가 죽은 1750년경의 시기를 말합니다. 당시 유럽 사회는 왕의 권력이 하늘을 찌르는 절대 군주 사회였습니다. 대표적인 군주로 프랑스의 루이 14세를 들 수 있습니다.

예술 부문에서도 권력을 과시하기 위해 화려하고 웅장한 건축물을 만들었습니다. 프랑스의 베르사유 궁전, 바티칸의 성 베드로 성당이 대표적입니다. 수천 개의 방이 있는 베르사유 궁전과 축구장 6개가 들어갈 수 있는 성 베드로 성당의 광장은 압도적인 규모로 놀라움을 줍니다. 당시에는 힘과 역동성, 감정을 추구하는 미술 작품이 만들어졌습니다. 르네상스 시대에는 고대 그리스 미학을 본받아 인체의 균형과 이상적인 조화를 표현했지만, 바로크 시대에는 역동적으로 움직이는 인물상을 조각했습니다. 옆의 사진을 보면 르네상스 시대 조각가 미켈란젤로가 만든 다비드상은 균형 있는 몸매의 아름다움을 보여 주지만, 바로크 시대 조각가인 베르니니는 거인 골리앗에게 돌팔매질하는 다비드(성경의 다윗왕)의 격렬한 움직임을 표현한 것을 알 수 있습니다.

과학도 크게 발전하기 시작합니다. 지동설을 주장한 코페르니쿠스와 갈릴레오, 중력의 원리를 발견한 뉴턴이 바로크 시대 사람입니다. 자연의 질서를 발견한 과학

미켈란젤로의 다비드상과 베르니니의 다비드상

은 철학자들에게도 큰 영향을 끼쳐 기존의 종교나 철학을 의심하고 논리적인 사고를 중시하게 됩니다. 모든 것을 의심한 끝에 유일한 진리는 '나는 생각한다. 고로 존재한다'라는 명제를 생각해 낸 근대 철학의 아버지 데카르트가 대표적인 인물입니다.

바로크는 서양 음악사에서도 중요한 시기입니다. 이 시기에 처음으로 장단조 체계가 확립되었습니다. 유럽에선 르네상스 시대까지 고대 그리스에 뿌리를 두고 있는 '선법'이라는 음계를 사용했습니다. 선법으로 만든 음악은 장단조 음계로 만든 음악과 전혀 느낌이 다릅니다. 앞서 들려드린 중세와 르네상스 음악을 떠올려 보면 그 차이를 느낄 수 있을 것입니다.

프랑스 작곡가 라모Jean Philippe Rameau(1683~1764)는 데카르트와 뉴턴에 영향을 받아 음악을 합리적인 원칙으로 설명하고자 1722년 『화성론』을 집필했습니다. 라모는 이 책에서 장단조 화성의 법칙에 관해 설명했습니다. 그는 화음에 기능을 부여했는데 으뜸화음(도미솔, C코드), 버금딸림화음(파라도, F코드), 딸림화음(솔시레, G코드)을 조성의 중심이 되는 주요 3화음이라 하고, 화음이 어떻게 진행되어야 하는지 설명했지요. 장단조와 화성학의 체계가 성립되자 화음의 역할이 명확해지고 음악에 진행성과 역

트리오 소나타 연주 모습

동감이 생기게 되었습니다.

　요즘 연주하는 주요 음악 장르인 오페라, 소나타, 협주곡도 이 시기 처음 만들어 졌습니다. 이탈리아 피렌체에서 그리스 비극을 재연해 보려는 시도에서 시작한 '오 페라'는 전 유럽에서 큰 인기를 끌었습니다. 바로크 시대에는 '트리오 소나타'를 많이 연주했는데, 이름과 달리 연주자는 총 4명이었습니다. 두 개의 독주 악기(보통 바이올린 두 대), 첼로 (베이스 선율 담당), 하프시코드가 연주하는 형태입니다. 첼로가 베이스 선율 을 연주하면 하프시코드가 화음을 채우는데 첼로와 하프시코드는 한 팀이 되어 반주 역할을 합니다. 바로크 작품에서는 베이스 선율이 거의 쉼 없이 연주되며 음악에 추 진력을 더하는데, 이를 '지속저음(바소 콘티누오Basso continuo)'라고 부릅니다. 바소는 '베 이스', 콘티누오는 영어로 continue, 즉 '계속한다'는 뜻입니다. 챙챙거리는 하프시코 드와 저음의 첼로 소리가 계속 들린다면 바로크 작품일 가능성이 높습니다.

　바로크 시대 사람들은 '대조'를 매우 좋아했습니다. 바로크 대표적인 화가인 렘브 란트의 자화상을 보면 빛과 그림자의 대조가 극명하며 극적인 효과를 불러일으킵니 다. 대조와 비교를 선호했던 취향은 음악에도 영향을 끼쳐 '협주곡'이라는 장르가 생 깁니다. 독주악기와 오케스트라의 음색이 대조되고, 작은 소리와 큰 소리가 대조되 는 효과를 즐겼습니다. 바로크 시대에 처음으로 피아노와 바이올린이 현재의 모습과

렘브란트, 〈자화상〉, 1640년

비슷하게 만들어집니다. 바로크 시대 가장 사랑받은 독주 악기는 바이올린으로 비발디는 500여 곡이 넘는 바이올린 협주곡을 남겼습니다. 널리 알려진 비발디의 〈사계〉도 바이올린 협주곡입니다.

🕑 31-1

코렐리, 트리오 소나타 D장조 Op. 3, No. 2
코렐리는 기교보다 서정성을 강조하는 작품을 남겼습니다. 이 곡은 17세기 후반 이탈리아의 대표적인 기악 작품입니다. 차분하고 따뜻한 느낌을 줍니다.

🕑 31-2

비발디, 〈사계〉 중 '봄'
비발디가 사계절을 묘사한 바이올린 협주곡 중 첫 번째 곡입니다. 봄에 새들이 지저귀는 소리를 묘사한 1악장, 꽃이 만발한 목장의 나른한 2악장, 찬란한 봄날 추는 춤곡인 3악장으로 되어 있습니다.

고전주의 시대

고전주의 시대 음악에는
어떤 특징이 있을까?

서양 음악사에서 고전주의는 1750년경부터 1800년경까지의 시기를 말합니다. 고전주의가 꽃피운 18세기 유럽은 정치 사회적으로 큰 변화를 겪었습니다. 사람들은 교회와 왕족의 무자비한 횡포에 맞서 1789년 프랑스 혁명을 일으켰습니다. 들라크루아는 이 혁명의 장면을 〈민중을 이끄는 자유의 여신〉이라는 그림으로 남겼지요. 프랑스 혁명이 일어난 배경에는 계몽주의라는 철학적 흐름이 있습니다. 계몽주의 철학자인 볼테르와 루소는 구습과 권력을 타파하고 이성과 자유, 진보를 꿈꿨습니다.

인류 역사에 큰 변화를 불러온 영국 산업 혁명이 발생한 시기도 18세기입니다. 영국은 모직물 산업, 해외 수출 등을 통해 경제적 번영을 이루었고 덕분에 중산층이 크게 성장했습니다. 이는 음악에도 큰 영향을 미쳤습니다. 과거에 음악가들은 귀족이나 교회에 고용되어 활동했으나 프랑스 혁명 이후 점차 연주, 악보 출판, 레슨 등 음악 활동만으로 생계를 꾸려 가는 독립적인 음악가들이 등장했습니다.

프랑스 혁명, 산업 혁명을 거치며 사람들의 생각은 변해 갔습니다. 경제적 능력을 갖춘 중산층은 음악을 즐기고 싶어 했습니다. 대중을 상대로 하는 음악회가 유행하기 시작했고, 집에서 자녀들에게 피아노를 가르쳤습니다. 음악을 즐기는 계층이 예전보다 훨씬 넓어진 것입니다. 새로운 청중은 듣기 쉽고 가볍고 편안한 음악을 선호했습니다. 복잡한 대위법을 사용하지 않고 주선율에 간단한 반주가 붙은 형태의 음악을 작곡하기 시작했습니다.

들라크루아, 〈민중을 이끄는 자유의 여신〉, 1830년

모차르트의 대표작 중 하나인 〈아이네 클라이네 나흐트 무지크〉는 '밤에 듣는 작은 곡'이라는 뜻으로, 널리 알려진 대중적인 작품입니다. 이 작품의 첫 줄을 피아노로 쳐보면 두 마디씩 나눌 수 있다는 것을 알 수 있습니다.

〈아이네 클라이네 나흐트 무지크〉의 첫 줄

고전주의 음악은 이렇듯 보통 두 마디 혹은 네 마디의 주제 선율이 대화하듯 대구를 이루는 경우가 많습니다. 마치 질문하고 대답하는 것 같습니다. 악구가 대칭적 패턴을 이루면 음악이 명확하고 균형 있게 들립니다. 고전주의 음악은 화성도 단순하고 분명합니다. 으뜸화음, 버금딸림화음, 딸림화음처럼 기본적인 화성을 사용하지요. 형식도 엄격하여 소나타 형식을 그대로 지킵니다. 이러한 특징으로 우리는 모차르트나 하이든의 음악이 균형 있고 명료하며 조화롭다고 느낍니다.

🕐 32-1

모차르트, 〈아이네 클라이네 나흐트 무지크〉 K. 525

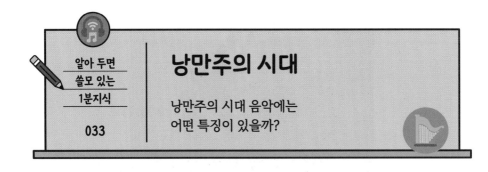

낭만주의 시대

낭만주의 시대 음악에는
어떤 특징이 있을까?

프랑스 혁명이 일어나자 사람들은 새로운 세상이 시작될 거라고 기대했습니다. 그러나 피비린내 나는 혁명과 연이은 전쟁으로 세상은 혼란스러웠고 중산층만 살기 좋아졌을 뿐, 서민들의 생활은 여전히 어려웠습니다. 런던 같은 대도시는 도시 빈민층이 늘고 아이들은 노동 착취에 시달렸습니다. 당시의 상황을 찰스 디킨스는 소설 『올리버 트위스트』에서 실감나게 묘사하였습니다.

30여 년 이어진 프랑스 혁명의 실패로 지치고 힘든 유럽 사람들은 현실에서 도피해 대의명분보다 개인의 감정을 중시하고, 자연으로 돌아가거나 유령이나 신화 같은 초자연적인 주제를 선호했습니다. 19세기에는 이러한 배경 아래 새로운 예술 사조인 낭만주의가 탄생했습니다.

미술 분야에서는 영국 화가 터너의 〈폭풍〉에서 볼 수 있듯이 하늘, 바다와 같은 자연을 몽환적으로 그리는 경향이 유행했습니다. 독일의 문호 괴테는 전 생애에 걸쳐 희곡 『파우스트』를 썼는데 이 작품은 19세기 내내 예술가들에게 큰 영감을 주었습니다. 절망에 빠진 파우스트 박사에게 악마 메피스토펠레스는 모든 소원을 다 들어주겠다고 제안합니다. 대신 금기어를 말하면 악마에게 영혼을 팔아야 하는 조건이었지요. 인간의 타락과 욕망, 구원에 대한 장대한 희곡은 음악가들에게도 사랑을 받아 구노는 오페라 〈파우스트〉, 리스트는 〈메피소토 왈츠〉를 작곡했습니다. 또한 기이하고 초자연적인 주제가 큰 인기를 끌어 소설 『프랑켄슈타인』이 탄생하기도 했지요.

윌리엄 터너, 〈폭풍〉, 1842년

무엇보다 낭만주의 시대의 가장 중요한 특징은 고전주의 시대에 중시된 균형과 조화에서 벗어나고자 했다는 것입니다. 위에 제시한 터너의 그림을 보면, 균형과 형식에서 벗어나 순간의 감정을 휘몰아치듯 그린 것을 알 수 있습니다. 작곡가들은 기존의 형식과 화성학(화음의 규칙)을 확장해 나갔습니다. 샵(#)이나 플렛(♭)이 잔뜩 붙은 반음계가 많이 사용되었습니다.

낭만주의 시대 선율은 매우 아름답고 서정적입니다. 뒤에 제시한 악보는 쇼팽의 〈녹턴〉입니다. 모차르트의 작품과 달리 2마디씩 나눌 수 없는 긴 호흡의 선율이 네 마디에 걸쳐 등장합니다. 또한 플렛 등의 임시표를 많이 사용해서 복잡한 화성을 사용하고 있습니다.

낭만주의는 여러 장르와 형식을 개발한 바로크, 고전주의 시대처럼 새로운 음악 형식이 많이 발달하진 않았어요. 다만 고전주의 시대 이미 연주되고 있던 소나타, 협주곡, 교향곡, 오페라, 실내악곡이 매우 확대되고 변형되었지요. 일반적으로 3악장 혹은 4악장으로 작곡하는 교향곡을 5악장 이상 작곡하기도 했습니다. 오케스트라 단원도 늘어나며 오케스트라의 음량이 커지고 음향이 풍부해졌습니다. 곡의 길이도 많이 길어집니다. 베를리오즈, 말러, 브루크너의 교향곡은 한 시간을 훌쩍 넘습니다.

쇼팽의 〈녹턴〉 악보 중 일부분

이렇게 긴 곡은 한 악장씩 나눠서 감상하면 좋습니다.

　반면 5분 이내의 아주 짧은 소품도 많이 작곡되었습니다. 소나타 같은 엄격한 형식 없이 자유롭게 작곡한 소품을 통해 작곡가들은 강렬한 내면의 감정을 표현했습니다. 위의 악보에 제시된 〈녹턴〉을 비롯하여 〈왈츠〉, 〈판타지〉(환상곡), 〈무언가〉(가사가 없는 노래), 〈프렐류드〉(전주곡), 〈인터메초〉(간주곡), 〈카프리치오〉(순간의 기분을 표현한 곡) 등이 그 예입니다.

　낭만주의 시대 중요한 특징 중 하나는 '표제 음악'입니다. 표제 음악이란 어떤 대상을 묘사하는 음악을 말합니다. 최초의 표제 음악은 사계절의 모습을 묘사한 비발디의 〈사계〉입니다. 낭만주의 시대에는 표제 음악이 본격적으로 큰 인기를 끌게 됩니다. 베를리오즈는 〈환상교향곡〉에서 여배우를 짝사랑하는 본인의 열정적이고 기괴한 이야기를 묘사합니다. 표제 음악은 음악과 문학의 긴밀한 소통과 융합으로 발전했습니다. 리스트는 〈교향시 햄릿〉, 〈단테 소나타〉로 문학작품에서 받은 감흥을 표현했고, 슈베르트나 슈만은 당시 유행한 독일 낭만주의 시인 쉴러, 하이네의 시에 노래를 붙여 수많은 가곡을 만들었습니다. 노래는 가사의 의미를 잘 전달하도록 만들어졌지요.

바로크와 고전주의 시대에는 바흐, 모차르트, 베토벤 등 독일어권 국가를 중심으로 음악이 발전했습니다. 그러나 19세기 후반 민족주의가 발전하여 러시아와 체코, 노르웨이와 핀란드처럼 잘 알려지지 않았던 나라의 음악가들이 유명세를 떨칩니다. 노르웨이의 그리그, 체코의 드보르작, 러시아의 림스키 코르사코프, 무소르그스키, 핀란드의 시벨리우스가 대표적인 작곡가들입니다. 그들은 자국어 발전에 힘써 모국어로 오페라를 만들었습니다. 예로부터 전해진 전설, 민화를 주제로 삼기도 하고, 민요를 채집하여 민속 리듬과 선율을 차용했습니다. 그들의 노력으로 유럽의 음악은 더욱 다양하고 풍성해졌습니다.

✅ 33-1
쇼팽, 〈녹턴〉 Op. 9 No. 2
쇼팽은 녹턴을 '피아노로 부르는 노래'라고 생각하고 매우 애정을 쏟았습니다. 쇼팽의 녹턴 중 가장 대표적인 이 곡은 감미롭고 서정적인 멜로디로 많은 사랑을 받았습니다.

✅ 33-2
베를리오즈, 〈환상 교향곡〉 Op. 14
짝사랑 이야기를 어떻게 교향곡으로 만들었는지 친절한 설명과 함께 들려주는 동영상입니다.

✅ 33-3
무소르그스키, 〈민둥산에서의 하룻밤〉

러시아 작가 고골의 작품에 영향을 받아 만든 교향시 작품으로, 매년 6월 성 요한축제 전날 민둥산에 온갖 마녀와 귀신들이 모여 연회를 벌인다는 러시아의 전설을 바탕으로 합니다. 디즈니 만화 영화 <판타지아>에서 이 곡을 생생히 묘사한 영상입니다.

20세기 전반

전쟁의 혼란이 현대음악을 탄생시켰다고?

20세기 전반의 가장 큰 특징은 과학의 발전과 폭력이 공존한 시대라는 것입니다. 과학의 발전으로 교통과 통신이 발달하고, 의학의 발달로 질병을 극복하는 등 인류의 삶이 나아졌지만 한편으로 이데올로기와 제국주의가 득세하며 결국 두 차례의 세계대전이라는 큰 상처를 남겼습니다. 특히 제2차 세계대전은 대규모 학살로 전 세계에 엄청난 충격을 주었습니다. 독일의 히틀러는 수백만 명의 유대인을 죽였습니다. 일본은 한국을 비롯한 아시아 여러 나라를 침략했고, 결국 원자폭탄 공격을 받았습니다. 한국은 같은 민족끼리 총을 겨누는 끔찍한 전쟁을 치른 후 분단되었습니다. 이러한 상황은 음악 분야에도 큰 영향을 미쳤습니다.

19세기에 바그너의 영향으로 작곡가들은 전통 화성법을 어기고 임시표와 불협화음을 많이 사용해서 조성을 모호하게 만드는 것을 즐겼습니다. 낭만주의 시대에는 고전주의의 형식과 화성을 확장하고 규칙을 파괴하는 것을 선호했지요. 리스트, 브루크너, 말러 등 진보 성향의 작곡가들이 이러한 방식으로 음악을 만들었습니다.

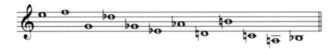

쇤베르크가 〈피아노 모음곡〉에 사용한 선율

20세기 초 오스트리아 작곡가 쇤베르크는 한 옥타브 안에 있는 12음을 모두 동일하게 한 번씩 사용하여 멜로디를 만듭니다. 음악을 이렇게 만들면 장단조를 전혀 느낄 수 없고 기괴하게 들립니다. 옆에 제시한 악보는 쇤베르크가 〈피아노 모음곡〉에 사용한 선율입니다. 12음을 모두 한번씩 사용하여 멜로디를 만들었습니다.

쇤베르크

쇤베르크는 아예 조성의 법칙을 무시하고 조성이 없는 음악, 즉 〈무조 음악〉을 만듭니다. 쇤베르크는 만약 세상이 제1차 세계대전이 일어난 1914년 이전처럼 정상적이었다면 우리 시대의 음악도 달라졌을 것이라 말했다고 합니다. 비참한 전쟁을 겪은 작곡가들은 모차르트처럼 아름다운 선율을 작곡하는 것에 죄책감을 느낀 것이지요.

쇤베르크의 대표작 〈달에 홀린 피에로〉는 알베르 지로가 쓴 연작시에 곡을 붙인 노래입니다. 뚜렷한 멜로디 없이 마치 시를 낭송하는 듯한 전개와 야릇한 음향이 뒤섞여 몽환적이고 오싹한 느낌을 주는 작품입니다.

쇤베르크에서 시작한 새로운 음악은 20세기 내내 작곡가들 사이에서 큰 반향을 일으켰습니다. 그가 만든 12음 기법은 현대음악의 새로운 장을 열었다고 평가받았습니다. 하지만 일반 관객에게는 너무 난해하게 들렸고 대중적으로 받아들여지지 못했습니다.

🕐 34-1

쇤베르크, 〈달에 홀린 삐에로〉
말과 노래의 중간 형태로 성악가가 노래합니다. 기괴한 멜로디와 난해한 가사가 특징입니다.

20세기 후반~현재

클래식 음악은 어떻게 발전했을까?

20세기 초반 쇤베르크는 조성 음악의 전통을 무너뜨렸습니다. 쇤베르크가 시작한 '무조' 음악은 1960년 말까지 현대 음악의 주류를 이루었습니다. 불협화음이 가득한 무조 음악은 청중의 외면을 받았고, 사람들은 현대 음악을 좋아하지 않았지요.

2차 세계대전 이후 전자매체가 보편적으로 쓰이면서 클래식 음악에도 녹음기, 신디사이저, 컴퓨터 등이 사용되기 시작합니다. 작곡가들은 상상만 하던 소리를 전자기기를 활용해 만들 수 있다는 점에 크게 매료되었습니다.

새로움을 찾아 헤매던 예술가들은 전위 예술 운동, 다른 말로 아방가르드 운동을 펼칩니다. '아방avangt'은 앞, '가르드garde'는 지킨다는 의미가 있습니다. 즉, 예술을 앞에서 선도해 나가는 운동을 하는 사람들이죠. 급진적이고 실험적인 행위예술을 하는 작가들이 많았습니다. 한국이 낳은 세계적인 아티스트 백남준은 첼로를 던져서 부수는 퍼포먼스를 통해 기존의 문화에 저항하는 것을 표현했습니다.

젊은 세대는 1, 2차 세계대전을 일으킨 부모 세대에게 반항하며 기존의 관습에 저항하는 운동을 벌입니다. 1960년대 유럽과 미국을 중심으로 히피 문화가 발달하고 베트남 전쟁 반전 시위가 일어나며, 기존의 가치관을 뒤엎으려는 68혁명이 일어납니다.

현대음악이 청중의 외면을 받자, 20세기 중후반에는 관객과의 소통을 중시하여 듣기 좋은 선율로 음악을 만드는 포스트모더니즘 운동이 시작됩니다. 포스트모더니

판소리 그룹 이날치의 '범 내려온다' 연주 영상

즘의 영향으로 퓨전 음악, 크로스오버 음악이 생겨 팝, 재즈와 클래식 등 여러 장르를 융합해서 음악을 만드는 것이 유행합니다. 요즘은 국내에서 국악을 이용한 크로스오버도 많이 선보이고 있지요. 최근에 판소리 그룹 '이날치'가 〈수궁가〉 중 '범 내려온다' 대목을 밴드와 함께 연주한 영상이 유튜브에서 크게 인기를 끌기도 했습니다.

⊘ 35-1
백남준 관련 영상, 〈지식채널e - 굿모닝 미스터 백〉
백남준의 예술세계를 알기 쉽게 보여주는 EBS 지식채널e 영상입니다.

⊘ 35-2
플라시도 도밍고 · 존 덴버, 〈퍼햅스 러브〉
세계적인 테너 플라시도 도밍고와 미국 가수 존 덴버가 함께 노래한 곡으로 큰 인기를 끌었습니다.

⊘ 35-3
이날치, <범 내려온다>

토끼 간을 찾아 육지로 올라온 자라는 '토 선생'을 부르는데, 오랫동안 헤엄을 쳐서 너무 힘든 나머지 턱에 힘이 풀려 '호 선생'이라고 발음한다. 이에 산에서 호랑이가 내려오는 대목이다. 신나는 밴드음악과 댄스를 접목해 큰 인기를 끌었다.

음악 기호에도 로코코 양식이 숨어 있다
_로코코 양식

바로크 시대와 고전주의를 잇는 문화 사조를 '전前고전주의' 혹은 '로코코 양식'이라고 합니다. 크고 화려하며 장중한 분위기의 바로크 양식과 달리 18세기에는 프랑스를 중심으로 우아하고 경쾌하며 화려하고 섬세한 로코코 양식이 크게 유행했습니다. 로코코 양식의 예는 마리 앙투와네트의 화려한 복식과 아름다운 궁정들의 가구입니다.

로코코는 조약돌이란 뜻의 '로카이유rocaille'와 조개껍질이란 뜻의 코키유coquille를 합쳐 만든 용어입니다. 루이 15세 때 만들어진 가구를 보면 조개를 변형한 동글동글한 장식이 로코코 양식의 화려하고 섬세한 특징을 잘 보여줍니다.

음악 분야도 로코코 양식의 영향을 받아 가볍고 듣기 좋은 음악을 선호하는 분위기가 만들어졌습니다. 간소하면서 장식이 많은 음악이 유행해서 돈꾸밈음을 자주 사용했는데, 돈꾸밈음이란 본음 위의 음에서 시작해 본음과 그 아래 음을 거쳐 본음으로 다시 돌아오는 꾸밈음을 말합니다. 돈꾸밈음은 로코코 가구의 다리받침처럼 위아래로 동그랗게 만 기호로 표시합니다.

옆에 제시한 악보는 돈꾸밈음을 어떻게 연주해야 하는지 보여 줍니다. '도' 위에 돈꾸밈음이 있다면, 재빠르게 '레도시도'를 연주해서 멜로디를 장식하는 것입니다.

로코코 양식의 가구

돈꾸밈음

　　로코코 시대의 대표적인 음악가는 루이지 보케리니Luigi Bocherini(1743~1805)입니다. 그의 음악은 이전 시대인 바로크 시대에 비해 음악이 간단하고 밝은 느낌을 줍니다. 모차르트나 하이든을 연상시키는 보케리니의 음악은 고전주의로 향해 가는 음악의 변화를 보여줍니다.

　　같은 시기 독일에서는 '감정 과다 양식'이 발달하게 됩니다. 마치 흐느끼는 듯한 선율과 흘러넘치는 감정의 표현이 특징입니다. 바흐의 셋째 아들로 유명한 작곡가가 된 칼 엠마누엘 바흐의 작품이 대표적입니다.

🕐 **인터미션 5-1**
보케리니, 〈미뉴에트〉
보케리니의 대표 작품으로 지금도 많이 연주됩니다. 돈꾸밈음으로 시작하는 밝은 이 곡은 우리나라에서 통화 안내음으로 많이 사용되었습니다.

🕐 **인터미션 5-2**
칼 엠마누엘 바흐, 소나타 A장조 2악장
끊이지 않고 변하는 꾸밈음, 부점의 사용, 흐느끼는 듯한 선율 등 감정과 다양식의 특징이 잘 드러나는 곡으로 로맨틱한 선율이 매우 아름답습니다.

교향곡 〈영웅〉의 주인공은 누구일까?
_베토벤과 나폴레옹

베토벤은 비엔나에서 최초로 성공한 프리랜서 음악가였습니다. 귀족의 후원에만 기대지 않고 레슨, 연주, 악보 출판 등의 수입으로 생활했습니다. 알려진 바와 달리 젊은 시절 베토벤은 매우 사교적이었다고 합니다. 귀족사회에서도 전혀 위축되지 않고, 동등한 위치에서 귀족들과 만나고 교류했습니다.

당시 유럽은 귀족과 평민 간의 갈등이 최고조에 이르던 시기였습니다. 마침내 1789년 프랑스 혁명이 일어났고 공화정이 세워졌습니다. 혹시 자기 나라에도 혁명이 일어날까 두려웠던 오스트리아, 스페인, 프로이센(예전의 독일) 등은 동맹을 맺고 프랑스를 공격하기로 합니다. 이때 젊은 사령관 나폴레옹이 알프스 산맥을 넘어 이탈리아를 차지하고 오스트리아 비엔나를 점령합니다. 이집트 알렉산드리아까지 점령하여 많은 이집트 유물을 프랑스로 가져옵니다. 프랑스 국민은 나폴레옹을 국민 영웅으로 칭송하게 됩니다.

왕정복고 세력을 물리치고 전쟁마다 승리하자 나폴레옹의 인기는 하늘을 찔렀습니다. 계급 사회에 불만이 많던 베토벤도 나폴레옹의 소식을 듣고 매우 기뻐했습니다. 그는 새롭게 작곡할 교향곡을 나폴레옹에게 헌정하기로 마음먹습니다. 제목도 나폴레옹의 이름을 따서 〈보나파르트 교향곡〉이라고 정합니다. 그러나 나폴레옹은

베토벤이 '보나파르트'라는 이름을 거칠게 지운 흔적이 남아 있는 교향곡 <영웅>의 악보 표지

권력에 욕심을 부려 스스로 황제 자리에 오릅니다.

이 소식을 들은 베토벤은 불같이 화를 냈습니다. 나폴레옹이 권력에 눈먼 사람이었다는 데 실망해 나폴레옹의 이름이 적혀 있던 교향곡 첫 장을 찢어버리고 제목도 〈영웅〉으로 바꿉니다. 교향곡 악보의 표지를 보면 '보나파르트'라는 이름을 펜으로 거칠게 지운 흔적이 남아 있습니다.

이 작품을 작곡할 당시 베토벤은 청력을 거의 상실했습니다. 절망한 그는 하일리겐슈타트에서 유서를 작성했지만, 아직 작곡하고 싶은 음악이 많이 남아 있다는 것을 깨닫고 다시 살아갈 결심을 합니다. 고통과 절망을 이겨내고 다시 창작 의지를 불태우는 베토벤의 결심을 보여주는 이 곡은 영웅적인 주제의 1악장과 장송행진곡으로 불리는 2악장이 특히 유명합니다.

⊘ 인터미션 6-1
베토벤, 교향곡 3번 〈영웅〉, 1악장
저음의 현악기로 연주하는 1주제가 영웅적인 주인공의 등장을 암시하는 곡으로 당시로서는 파격적인 불협화음과 리듬을 사용하여 승리에 찬 투쟁에 나서는 모습을 보여줍니다.

⊘ 인터미션 6-2
베토벤, 교향곡 3번 〈영웅〉, 2악장
베토벤이 직접 '장송행진곡'이라는 부제를 단 곡으로 나폴레옹의 죽음을 예견하고 작곡했다는 의견도 있습니다. 선율은 아름답지만 비극적이며 장엄한 느낌이 듭니다.

4장

클래식 음악가들

☑ 바흐
☐ 헨델
☐ 비발디, 파헬벨, 텔레만, 라모
☐ 하이든
☐ 모차르트
☐ 베토벤
☐ 슈베르트
☐ 멘델스존
☐ 쇼팽
☐ 슈만
☐ 브람스
☐ 리스트
☐ 베르디
☐ 바그너

☐ 비제, 푸치니
☐ 차이콥스키
☐ 무소륵스키, 드보르자크, 그리그, 엘가
☐ 말러
☐ 드뷔시, 라벨
☐ 사티, 라흐마니노프, 피아졸라, 리히터
☐ 윤이상, 김순남, 진은숙, 김택수

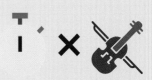

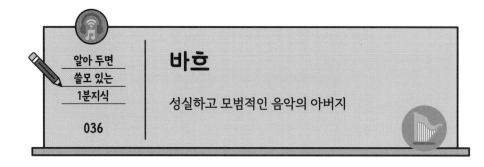

바흐

성실하고 모범적인 음악의 아버지

요한 제바스티안 바흐Johann Sebastian Bach(1685~1750)의 가문은 독일에서 수많은 음악가를 배출한 유명한 집안이었습니다. 7대에 걸쳐 50여 명이 넘는 음악가를 배출한 바흐의 집안은 유전학을 연구하는 학자들에게 흥미로운 연구 거리가 되기도 했습니다.

바흐의 아버지 역시 바이올린을 연주하는 거리의 악사였습니다. 그러나 바흐가 열 살이 되기 전에 부모님 두 분 모두 돌아가셔서 바흐는 큰형의 보살핌 속에 자랐습니다. 그는 어려서부터 음악에 대한 열정과 호기심이 많은 소년이었습니다. 형이 구한 악보를 6개월 넘게 밤마다 몰래 달빛 아래에서 필사하다 걸려 형에게 크게 혼나기도 했다는 일화가 전해집니다.

20대에 오르가니스트로 처음 취직한 후 독일의 여러 도시에서 음악가로 활동했습니다. 당시 교회나 귀족은 음악가를 고용하고 후원해 주었습니다. 대신 음악가는 고용주의 취향에 맞춰 음악을 작곡해야 했습니다. 바흐 역시 자신이 모시는 주인이 원하는 작품을 작곡해야 했습니다. 따라서 바이마르 궁정 오르가니스트로 일할 때는 오르간곡을 많이 작곡했습니다. 쾨텐 궁정의 악장으로 취임한 후에는 젊은 영주 레오폴트공의 전폭적인 지지를 받으면서 다양한 세속음악을 작곡했습니다. 30대 말부터 평생 라이프치히 성 토마스 교회 음악감독으로 일했는데 이 시기에는 종교 음악을 많이 작곡했답니다.

바흐와 그의 가족

　바흐는 평생 성실하게 일한 음악가였습니다. 그리고 독실한 루터파 교회 신자였지요. 라이프치히에서는 칸타타를 매주 한 곡씩 작곡했습니다. 주일마다 교회에서는 설교를 마친 후 그날의 성경 말씀을 주제로 한 칸타타를 연주했습니다. 바흐는 300여 곡이 넘는 칸타타를 남겼습니다. 게다가 성 토마스 교회 부속 음악학교 교장으로서 라틴어와 음악을 가르쳤고 악기도 관리했습니다. 그리고 성 토마스 교회 외에 다른 3개 교회의 성가대도 관리했습니다. 일의 양은 많고 상당히 고됐습니다.

　그러나 바흐는 대가족의 성실한 가장이었습니다. 그리고 다둥이 아빠였지요. 서른다섯 살에 첫 번째 아내와 사별한 후 이듬해 안나 막달레나라는 가수와 결혼합니다. 두 명의 부인에게서 자식을 스무 명이나 낳았는데 열한 명은 어렸을 때 죽고 아홉 명이 남았습니다. 그중 세 명은 아버지의 뒤를 이어 유명한 작곡가가 되었습니다.

　바흐의 기악음악은 기본적으로 대위법으로 작곡되어 있는 경우가 많습니다. 바흐를 건축가로 묘사하는 경우가 많은데, 2성부 인벤션을 보면 그 이유를 알 수 있습니다. 다음 쪽에 제시한 악보는 인벤션 1번의 앞부분입니다.

　오른손의 선율을 왼손이 두 박자 뒤에 모방합니다. 불협화음이 전혀 생기지 않습니다. 이렇듯 대위법의 규칙을 충실히 지키면서도 음악적으로 아름다운 멜로디를 만

바흐 2성부 인벤션 1번 앞부분

드는 것은 매우 어려운 일입니다. 소프라노 선율이 베이스로 가고, 베이스 선율이 소프라노로 올라와도 음악은 아름답게 흘러갑니다. 마치 블록을 몇 층 쌓았다가 위의 블록이 아래로 가고 아래 블록이 위로 가도록 해도 잘 어울리도록 만드는 것이지요. 이렇듯 대위법을 최고의 경지로 발전시킨 바흐의 음악은 마치 '건축'과 같다는 평을 받습니다.

그는 평생 독일 밖을 나가본 적이 없습니다. 그러나 악보를 열심히 연구해서 이탈리아, 프랑스 음악 양식에도 두루 통달했던 것으로 보입니다. 밝고 경쾌한 이탈리아 스타일의 협주곡, 부점이 많은 행진곡풍의 프랑스 서곡을 작곡했습니다. 또한 요

바흐가 묻혀 있는 독일 라이프치히 성 토마스 교회 앞의 동상

즘 식으로 말하면 리메이크의 대가였습니다. 기존의 코랄(찬송가)을 오르간곡으로 만들거나 비발디의 바이올린 작품을 오르간곡으로 편곡한 것이 많이 남아 있습니다.

　바흐는 사후에 사람들에게 점점 잊혀져 갔고 작품은 거의 연주되지 않았습니다. 그런데 19세기에 들어서 멘델스존이 바흐의 〈마태 수난곡〉 악보를 발견하고 공연에 올려 큰 성공을 거둡니다. 음악사학자 포르켈은 바흐에 대한 최초의 연구서 『바흐의 생애와 예술, 그리고 작품』을 씁니다. 그때부터 바흐에 대한 연구가 본격적으로 시작되었고, 바흐는 현재 연주하는 클래식 음악의 초석을 다진 '음악의 아버지'로 불리게 됩니다. 바흐의 음악은 진지하고 어려울 것 같지만 〈G선상의 아리아〉처럼 선율이 매력적이고 듣기 좋은 곡도 많이 있습니다. 바흐는 독일어로 '실개천'이라는 뜻이지만, 그의 음악 세계는 '드넓은 바다'와 같습니다.

🕑 36-1
바흐, 〈G선상의 아리아〉
바이올린과 피아노를 위한 소품으로 아름다운 선율로 큰 사랑을 받은 곡입니다. 바흐의 작품을 빌헬미가 바이올린의 G현(바이올린 네 줄 중 하나)만 이용해서 연주하도록 편곡했습니다.

🕑 36-2
바흐, 코랄 프렐류드 〈눈 뜨라고 부르는 소리 있어〉
마태복음에 나오는 예수님을 맞으러 한밤중에 등불을 켜고 나가는 열 처녀의 비유를 주제로 만든 동명의 칸타타를 오르간곡으로 리메이크한 곡입니다. 가볍고 밝은 선율의 곡입니다.

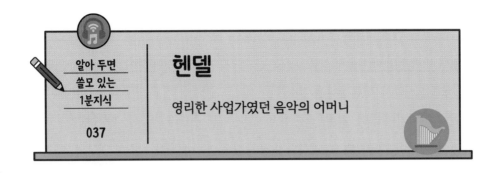

헨델

영리한 사업가였던 음악의 어머니

바흐와 동갑인 게오르크 프리드리히 헨델Georg Friedrich Händel(1685~1759)은 바흐와 매우 상반된 삶을 살았습니다. 바흐가 평생 독일에서만 활동한 반면 헨델은 이탈리아, 영국에서 폭넓게 활동했습니다. 바흐는 살아생전 큰돈을 벌지 못한 지역 음악가에 불과했지만 헨델은 영리한 사업 감각을 겸비해 큰돈을 벌었고 국제적 명성을 얻었습니다.

헨델의 아버지는 이발사이자 외과의사였습니다. 당시에는 이발사가 외과의사나 치과의사를 겸하는 경우가 많았습니다. 아버지는 공부를 잘하는 아들이 법률가가 되기를 원했지만 헨델은 음악에 대한 열정을 포기할 수 없어서 법대를 1년 만에 그만둡니다.

헨델은 새로운 장르로 큰 인기를 끌던 오페라를 공부하기 위해 이탈리아로 유학을 갑니다. 3년간 열심히 공부한 헨델은 영국으로 이주합니다. 자본주의가 발달하기 시작한 영국 런던에서 귀족만 향유하던 음악을 부르주아도 즐기려는 움직임이 나타났습니다. 새로운 청중이 나타나기 시작했다는 것을 헨델은 영민하게 알아차렸습니다. 영국 사람들은 이탈리아어로 만든 오페라를 그다지 좋아하지 않았습니다. 헨델은 영국인들이 이해하기 쉽도록 영어 가사를 사용해 성경의 인물에 대해 노래극을 만드는데, 이것이 오라토리오입니다. 오라토리오는 오페라와 달리 가수가 연기를 하거나 의상을 입지는 않습니다. 따라서 저렴한 비용으로 쉽게 제작할 수 있었지요. 헨델의 오라토리오는 영국에서 큰 인기를 끌게 됩니다.

게오르크 프리드리히 헨델

그의 대표작인 〈메시아〉는 예수의 삶을 주제로 한 오라토리오입니다. 〈메시아〉에 나오는 '할렐루야'는 지금도 부활절에 많이 연주됩니다. 당시 영국의 왕이 이 곡을 듣고 흥분한 나머지 기립했고, 옆에 있던 사람들도 일어나서 음악을 들었다고 합니다. 지금도 이 곡을 연주할 때는 관객이 모두 일어나서 듣습니다.

가족을 사랑했던 바흐와 달리 헨델은 평생 혼자 살았습니다. 아마도 동성애자였을 거라고 음악사학자들은 추측합니다. 그는 타고난 흥행사 기질이 있었습니다. 대중들이 좋아할 만한 감미롭고 밝은 선율을 히트작을 많이 남겼습니다. 영국 왕실의 후원을 받으며 경제적으로 풍족하게 살았습니다. 그는 죽을 때까지 독일로 돌아가지 않고 영국에 거주했으며 웨스터민스터 사원에 묻혔습니다. 지금도 영국인들은 헨델을 자랑스러운 영국의 작곡가라고 생각합니다.

🕐 37-1
헨델, 오페라 〈리날도〉 중 '울게 하소서'
십자군 전쟁을 배경으로 하는 사랑 이야기인 〈리날도〉에서 이슬람 적군에게 끌려간 알미레나 공주가 자신의 잔혹한 운명을 한탄하며 부르는 노래입니다.

🕐 37-2
헨델, 오라토리오 〈메시아〉 중 '할렐루야'
〈메시아〉 2부에 나오는 합창곡으로 예수 부활의 기쁨을 노래하는 곡입니다. 밝고 우렁찬 멜로디와 팡파르가 나옵니다.

비발디, 파헬벨, 텔레만, 라모

바로크 시대 음악가가
바흐와 헨델만 있는 것은 아니다?

바로크 시대의 대표적인 음악가로 바흐와 헨델을 많이 꼽지만 그 외에도 명곡을 남긴 작곡가들이 있습니다.

가장 많이 언급되는 사람은 〈사계〉를 만든 이탈리아 작곡가 안토니오 비발디 Antonio Vivaldi(1678~1741)입니다. 비발디가 살던 시대에 음악의 중심지는 이탈리아였습니다. 오페라, 콘체르토 같은 새로운 장르가 이탈리아에서 시작되었고, 특히 무역의 도시인 베네치아에는 오페라 극장이 17개나 있었다고 합니다.

비발디가 바로 베네치아 출신입니다. 그는 아버지가 바이올리니스트였고 본인도 바이올린 연주에도 탁월한 실력을 갖췄습니다. 신부가 되고자 신학교를 졸업했지만 건강이 좋지 않아 고아와 극빈자의 딸들을 가르치는 기숙학교에서 음악 교사이자 작곡가로 일했습니다.

비발디는 오페라 작곡가로도 성공했지만 특히 협주곡(콘체르토)로 유명했습니다. 〈사계〉는 봄, 여름, 가을, 겨울을 제목으로 하는 네 개의 바이올린 협주곡입니다. 악장마다 곡이 묘사하는 풍경을 짧게 설명한 시구가 덧붙여 있습니다. 예를 들어 '겨울' 2악장에는 "밖에는 비가 억수처럼 내리고 사람들은 따뜻한 난롯가에 둘러앉아 즐거운 날을 떠올린다"라는 시구가 적혀 있습니다. 이 곡에서 바이올리니스트가 손가락으로 현을 튕기는 부분은 창밖에 내리는 빗방울 소리와 장작이 타닥타닥 타는 소리를 묘사하는 것이라고 합니다. 그 위로 솔로 연주자가 아름답고 따뜻한 멜로디를 연

안토니오 비발디　　　　　　　　　요한 파헬벨

주합니다.

　두 번째로 소개할 작곡가는 요한 파헬벨Johann Pachelbel(1653~1705)입니다. 바흐보다 무려 20여 년 선배인 파헬벨은 유명한 오르간 연주자이자 작곡가로 추앙받았습니다. 바흐의 큰형인 요한 크리스토프 바흐를 3년이나 가르쳤고 그의 결혼식에 참석할 정도로 가까운 사이였습니다. 어린 바흐도 형의 스승인 파헬벨의 악보를 보며 음악을 공부했다고 합니다. 가장 유명한 작품 〈캐논〉은 돌림노래처럼 앞 성부를 따라 멜로디가 반복됩니다. 그리스어로 '규칙'이라는 뜻의 〈캐논〉은 규칙에 따라 멜로디를 반복하는 곡입니다. 이 곡은 파헬벨 사후에 잊혔다가 1919년 보스턴 팝스 오케스트라가 연주한 이후 각종 영화와 광고, 대중음악에 사용되어 인기를 끌었습니다.

　세 번째로 소개할 작곡가는 게오르크 필리프 텔레만Georg Philipp Telemann(1681~1767)입니다. 지금은 바흐가 바로크 시대의 위대한 거장으로 꼽히지만 당시에는 텔레만이 훨씬 인기 있는 작곡가였습니다.

　이를 잘 보여 주는 일화가 있습니다. 라이프지히시의 음악감독 자리가 비었을 때 시 당국에서 1순위로 뽑으려 했던 음악가는 텔레만이었습니다. 그러나 텔레만이 제

게오르크 필리프 텔레만

장필리프 라모

의를 거절하고 두 번째 후보도 사양하자 3순위인 바흐가 음악감독이 되었다고 합니다. 텔레만은 네 살 어린 바흐와 오랜 친구여서 바흐의 아들이자 유명한 음악가인 카를 필리프 에마누엘 바흐의 대부(세례 때 후견인 역할)가 되어 주었고, 훗날 텔레만이 사망한 후 함부르크의 악장 자리를 카를 필리프 엠마누엘 바흐가 맡았습니다.

　텔레만의 음악은 선율이 아름답고 듣기에 부담이 없습니다. 바흐처럼 복잡한 대위법을 구사하지 않고 간결하고 듣기 좋은 선율을 사용해 대중의 사랑을 받았습니다. 여러 작품 중 〈타펠무지크〉(식탁 음악)가 유명합니다. 귀족들이 식사할 때 연주하던 음악으로 선율이 유려하고 편안합니다. 바흐나 헨델보다 훨씬 장수한 텔레만은 사망할 때까지 왕성하게 작곡 활동을 했으며, 3천 개가 넘는 작품을 남겨 가장 많은 작품을 쓴 작곡가로 알려졌습니다.

　라모Jean-Philippe Rameau(1683~1764)는 프랑스의 대표적인 작곡가입니다. 아버지는 그가 법률가가 되기를 바랐지만, 어려서부터 음악을 좋아한 라모는 오르간 연주자로 명성을 떨쳤습니다. 그는 대기만성형 작곡가로 50세가 되어서야 오페라 〈이폴리트와 아리시〉가 흥행에 성공하며 유명해졌습니다. 작곡뿐만 아니라 이론가로도 탁월한 재능을 발휘했습니다. 많은 음악 작품을 분석해 1722년 화음의 규칙을 정립한 『화성론』을 집필했습니다. 또한 장단조의 개념을 확립해 클래식 음악의 새로운 역사가 시작되는 데 큰 공을 세웠습니다.

🕐 38-1

비발디, 바이올린 협주곡 〈사계〉 Op. 8, '겨울' 중 2악장
계속 등장하는 바이올린의 피치카토(현을 뜯어서 연주하는 주법)는 겨울비를 묘사합니다. 이 위에 아름다운 바이올린 독주 선율이 나옵니다.

🕐 38-2

파헬벨, 〈캐논〉
반복되는 베이스 위에 바이올린과 첼로가 서로 시차를 두고 선율을 모방하며 등장합니다..

🕐 38-3

텔레만, 〈타펠무지크〉
귀족들이 식사할 때 듣는 음악으로 바순과 플루트가 대화하듯 연주합니다.

🕐 38-4

라모, 〈6개의 가보트 모음곡〉
프랑스 바로크 음악은 트릴이 많은데 이 작품도 다양한 트릴이 등장합니다. 피아노나 하프시코드로 연주하는 작품으로 서정적이며 감미로운 선율이 가득합니다.

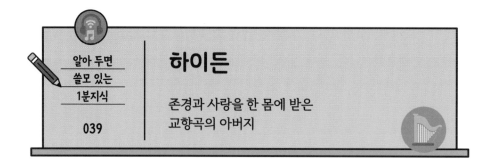

하이든

존경과 사랑을 한 몸에 받은
교향곡의 아버지

프란츠 요제프 하이든Franz Joseph Haydn(1732~1809)은 모차르트와 더불어 고전주의 시대의 대표적인 작곡가입니다.

하이든의 아버지는 오스트리아의 작은 마을에서 마차 바퀴를 만드는 목수였습니다. 형제가 열두 명이나 되었고 가정 형편이 넉넉하지 못했습니다. 어릴 적부터 음악적 재능을 보인 하이든은 친척의 도움을 받아 비엔나로 가서 성 슈테판 성당의 소년 성가대원이 됩니다. 성 슈테판 성당은 비엔나에서 가장 큰 성당입니다. 하이든은 이곳에서 열여덟 살까지 성가대원으로 활동하며 하프시코드와 바이올린 연주법을 배웠습니다. 변성기가 와 더 이상 노래할 수 없게 된 하이든은 이십 대 시절 레슨을 하며 겨우 생계를 유지했습니다.

그러나 하이든은 인복이 많았습니다. 20대 후반에 같은 하숙집에 머물던 유명한 오페라 대본가 메타스타지오의 소개로 헝가리의 귀족 에스테르하지 왕자를 소개받아 서른 살 무렵 에스테르하지 궁정의 부음악감독으로 고용됩니다. 하이든은 이곳에서 무려 30년간 음악가로 일합니다.

당시 음악가의 신분은 하인이나 다름없었습니다. 필요한 음악을 작곡해 주고 오케스트라 단원과 악기를 관리하는 일은 중노동이었습니다. 그러나 하이든은 맡은 일을 충실해 했을 뿐만 아니라 넉넉하고 따뜻한 인품으로 사람들의 신망을 한 몸에 받았습니다. 별명이 '파파 하이든'일 정도로 아랫사람들에게 존경과 사랑을 받았습니

프란츠 요제프 하이든

다. 고용주인 에스테르하지 공도 하이든을 믿고 아낌없이 후원해 주었습니다.

하이든은 교향곡을 확립시킨 작곡가로 유명합니다. 그는 무려 100여곡이 넘는 교향곡을 작곡했습니다. 그 중에 〈시계〉, 〈고별〉, 〈런던〉 교향곡이 유명합니다. 그의 작품은 유머 코드가 가득합니다. 리듬을 재미있게 쪼개서 연주하도록 했으며, 마치 곡이 끝난 것처럼 마무리를 짓다가 다시 시작하기도 합니다. 하이든의 음악을 연주하거나 감상하며 웃음이 절로 나옵니다. 여러분도 기분이 처질 때 하이든의 음악을 꼭 들어보세요!

🕐 39-1

하이든, 교향곡 101번 〈시계〉 2악장
하이든이 원숙기에 접어들었을 때 작곡한 교향곡입니다. '똑딱똑딱'하는 선율을 들으면 제목이 왜 '시계'인지 바로 이해할 수 있습니다

🕐 39-2

하이든, 트럼펫 협주곡 3악장
광고에 자주 사용되어 우리 귀에 익숙한 곡입니다. 트럼펫의 현란한 기교와 힘찬 멜로디를 즐겨보세요.

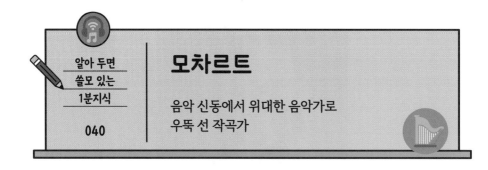

모차르트

음악 신동에서 위대한 음악가로 우뚝 선 작곡가

역사를 통틀어 '천재', '신동'이라는 수식어가 붙는 대표적인 작곡가로 볼프강 아마데우스 모차르트Wolfgang Amadeus Mozart(1756~1791)를 꼽습니다. 그는 전 장르에서 히트곡을 낸 작곡가입니다. 쇼팽은 피아노곡을 많이 썼고 베르디는 오페라를 주로 작곡했으며 파가니니는 바이올린 작품을 남겼지요. 그러나 모차르트는 오페라, 교향곡, 협주곡, 소나타 모든 분야에서 명곡을 남겼습니다.

모차르트는 음악가 집안에서 태어났습니다. 아버지 레오폴트 모차르트는 오스트리아 잘츠부르크 궁정의 부음악감독이었고 유명한 바이올린 선생님이었습니다. 모차르트는 어린 시절부터 아버지에게 체계적인 음악 레슨을 받았습니다. 천재적 재능을 알아본 아버지는 그가 채 열 살이 되기도 전에 연주 여행을 데리고 다녔습니다. 모차르트는 청소년기에 유럽 각지를 돌아다니면서 다양한 음악 양식을 배웠습니다. 가는 곳마다 모차르트 남매는 큰 인기를 끌었습니다.

아버지는 모차르트가 유럽 궁정에 취직하기를 간절히 원했습니다. 그러나 그는 취업에 실패하고 맙니다. 음악감독을 하기엔 너무 어렸고, 기존 음악감독들이 그를 부감독으로 임용하는 것은 부담스러워했기 때문입니다. 어쩔 수 없이 모차르트는 고향 잘츠부르크로 돌아옵니다. 모차르트를 고용한 콜로레도 대주교는 보수적인 사람이라 옛날식 음악만 작곡하라고 명령했습니다. 그러나 모차르트는 새로운 음악을 작곡하고 싶었지요. 결국 그는 대주교와 크게 싸우고 빈으로 떠나 최초의 프리랜서 작곡가가 됩니다.

모차르트 가족(누나, 모차르트, 아버지의 모습. 벽에 걸린 초상화는 모차르트의 어머니)

당시 음악가들이 대부분 왕궁, 귀족, 교회에 고용되어 주인이 원하는 음악을 작곡해 주며 살던 것과 달리 모차르트는 유럽 최초로 연주, 레슨, 악보 출판으로 생계를 유지하는 독립적인 음악가로 성공합니다. 그러나 모차르트와 그의 아내는 사치스러운 생활을 좋아했습니다. 더구나 비엔나에서 모차르트의 인기는 점점 식어갔습니다. 결국 모차르트는 심한 생활고에 시달리다가 서른여섯 살의 나이로 요절합니다. 너무 가난해서 장례식조차 제대로 치르지 못했습니다. 묘지도 마련할 수 없었지요. 현재 모차르트가 어디에 묻혔는지는 알 수 없습니다.

모차르트는 머릿속으로 작곡을 다 하고 일필휘지로 악보에 옮겼다고 합니다. 선율은 자연스럽고 순수하며 아름답습니다. 모차르트의 음악은 태교음악으로도 애용될 만큼 우리의 마음을 정화해 줍니다.

🕑 40-1
모차르트, 〈세 대의 피아노를 위한 협주곡〉 K. 242
세 대의 피아노를 위한 협주곡으로 모차르트가 귀족부인과 두 딸을 위해 작곡한 곡입니다. 3명의 피아노 실력을 고려해서 작곡했다고 합니다.

🕑 40-2
모차르트, 〈피가로의 결혼 서곡〉 K. 492
오페라 〈피가로의 결혼〉의 밝고 들뜬 분위기를 잘 묘사한 작품입니다.

베토벤

절망에서 인류애를 꽃피운 음악의 성인

루트비히 판 베토벤Ludwig van Beethoven(1770~1827)은 독일의 본에서 태어납니다. 할아버지와 아버지가 모두 궁정 음악가로 활동하는 음악가 집안이었지만 베토벤은 불행한 어린 시절을 보냈습니다. 술주정뱅이인 아버지는 아들을 모차르트처럼 신동으로 만들어 돈을 벌 욕심에 어린 베토벤에게 피아노 연습을 강요하며 학대했습니다. 또한 아버지를 대신해서 10대부터 가족의 생계를 떠맡아 오르가니스트로 일했습니다.

베토벤은 스물두 살 때 하이든에게 발탁되어 빈으로 떠나 2년간 하이든에게 레슨을 받게 됩니다. 베토벤의 초기 음악은 하이든, 모차르트의 영향을 많이 받았습니다. 베토벤은 하이든을 매우 존경했지만 하이든의 레슨은 그다지 좋아하지 않았다고 합니다. 창의적인 베토벤이 생각하기에 하이든의 음악은 이미 구식이었기 때문이지요.

서른 살 무렵 베토벤은 유명한 피아니스트이자 작곡가로 이름을 날리게 되었습니다. 베토벤은 귀족의 간섭에서 벗어나 출판, 연주, 레슨으로 생계를 유지하는 독립적인 음악가로 평생을 살았습니다. 그는 귀족들과 자신을 동등하게 생각했습니다. 하이든처럼 하인의 위치에서 섬긴 것이 아니라, 독립적인 아티스트로 평등한 입장에서 교류한 것입니다.

20대 후반, 베토벤은 청천벽력 같은 상황에 처합니다. 바로 청력을 잃어가고 있다는 것이었습니다. 자살을 결심할 정도로 절망했던 베토벤은 아직 자신이 작곡하고

귀족들 앞에서 피아노를 연주하는 베토벤

싶은 음악이 많다는 것을 깨닫습니다. "나는 운명의 목을 조를 것이다"라는 글을 쓴 베토벤은 어려움을 극복하고 음악에 매진하기로 결심합니다. 이 시기에 베토벤은 자신의 운명을 이기겠다는 강한 의지가 반영된 영웅적 성격의 작품을 많이 작곡합니다.

그중 가장 대표적인 곡이 유명한 5번 교향곡 〈운명〉입니다. '따따따 딴'으로 시작하는 5번 교향곡의 주제는 마치 문 앞에 운명이 노크하는 듯한 선율입니다. 이 짧은 멜로디가 세포 분열하듯 끊임없이 변화하며 곡을 완성합니다.

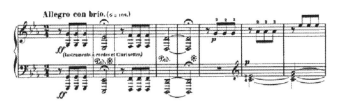

베토벤 교향곡 5번 〈운명〉 주제

1815년 베토벤의 동생이 죽고 베토벤은 조카 칼의 양육권을 두고 칼의 모친과 크게 다투게 됩니다. 법정 소송까지 벌인 끝에 결국 조카를 데려왔지만 조카는 고집불통인 베토벤을 싫어했습니다. 게다가 얼마 후 그는 청력을 완전히 잃어버려 메모로만 소통이 가능한 지경에 이릅니다.

베토벤 교향곡 9번 〈합창〉 공연 장면

　이렇게 큰 불행을 겪으며 베토벤의 음악은 어떻게 변했을까요? 베토벤은 극심한 불행 속에서도 자신의 고통과 현실을 초월해 인류의 화합을 노래했습니다. 교향곡에 최초로 합창을 더한 교향곡 9번 〈합창〉은 사랑과 평화, 형제애를 주제로 하는 작품으로 송년 음악회에서 자주 연주됩니다. 합창 교향곡 4악장에 나오는 〈환희의 송가〉는 실러의 시에 노래를 붙인 것으로, 우리에게 매우 친숙한 멜로디입니다. 마이클 잭슨의 〈위 아 더 월드We are the world〉처럼 온 인류의 화합과 사랑을 노래합니다. 가사의 앞부분은 다음과 같습니다.

　　백만의 사람들이여, 모두 껴안아라. 온 세계의 입맞춤을 받으라. 형제여,
　　높은 별 저 위에 사랑스러운 아버지는 꼭 살아 계시느니라.

　어려서부터 술주정뱅이 아버지에게 학대당하고 가족의 생계를 책임져야 했던 베토벤, 음악가로서 귀가 안 들리는 고통을 견뎌야 했던 베토벤, 평생 사랑하는 여인을 그리워하며 고독하게 혼자 산 베토벤. 그의 삶은 수많은 고통과 좌절의 시간들로 점철되었습니다. 그러나 베토벤은 자신의 상황에 절망하면서도 예술에 대한 사랑으로

베토벤의 초상화

다시 살아갈 것을 결심하고 마침내 삶의 아름다움과 인류애를 노래했지요. 고통 속에서도 평화와 사랑을 노래한 그의 숭고한 정신은 참으로 감동적입니다. 그래서 베토벤의 별명이 '음악의 성인', 즉 '악성樂聖'이 된 것입니다.

🕐 41-1

베토벤, 〈바이올린과 관현악을 위한 로망스〉 Op. 50

로망스는 서정적이고 낭만적인 자유로운 기악음악을 말해요. 베토벤은 청력을 잃어가는 와중에도 이렇게 아름답고 달콤한 선율을 작곡했답니다.

🕐 41-2

베토벤, 교향곡 9번 〈합창〉 Op. 125, 4악장

베토벤의 마지막 교향곡으로 인류의 화합과 형제애를 노래한 명곡입니다.

슈베르트

음악으로 시를 노래한 낭만 청년

프란츠 슈베르트Franz Peter Schubert(1797~1828)는 1797년 오스트리아 빈에서 태어났습니다. 초등학교 교사인 아버지를 따라 교사 생활을 몇 년간 했지만 음악에 대한 열정을 버리지 못해 교사를 그만두고 평생 가난한 음악가로 살았습니다. 너무 가난해 피아노가 없어 기타로 작곡했다고 합니다.

내성적이었지만 온화한 성격의 슈베르트는 친구가 많았습니다. '슈베르트의 친구들'이라는 뜻의 모임 '슈베르티아데'를 만들어 저녁마다 모여 같이 노래하고 음악을 즐기며 지냈습니다.

30년이라는 짧은 생애 동안 슈베르트는 무려 900여 곡을 남겼습니다. 우리가 잘 아는 〈보리수〉, 〈마왕〉, 〈아베 마리아〉 등이 모두 슈베르트의 음악입니다.

시의 내용을 음악으로 표현하는 데 탁월한 재주가 있었던 슈베르트를 우리는 '가곡의 왕'이라고 부릅니다. 그는 〈겨울 나그네〉처럼 여러 개의 가곡을 연달아 작곡하여 모은 연가곡집도 발표합니다. 추운 겨울날 사랑에 실패한 젊은 청년이 방랑을 떠나는 내용의 〈겨울 나그네〉는 총 24곡의 노래로 되어 있습니다. 슈베르트는 피아노 반주를 이용해 가사를 묘사했습니다. 예를 들어 〈보리수〉에서 피아노 반주는 바람에 흔들리는 보리수의 나뭇잎을 표현합니다. 〈마왕〉의 전주에 나오는 피아노 소리는 말발굽 소리를 나타냅니다.

슈베르트는 오페라 작품도 몇 개 남겼지만 현재 거의 공연되고 있지 않습니다.

그는 서정적인 가곡 작곡에는 천재적이었지만, 드라마틱한 오페라를 쓰는 데에는 재주가 없었습니다. 기악 작품도 많이 남겼는데 교향곡 8번 〈미완성〉, 피아노 5중주 〈송어〉 등이 유명합니다.

슈베르트와 그의 친구들(슈베르티아데)

　　그는 베토벤과 여러모로 상반된 작곡가로 평가됩니다. 평생 사람들과 교류하지 않고 살았던 베토벤과 달리 슈베르트는 친구들에 둘러싸여 살았습니다. 성격이 불같고 강한 베토벤은 개성이 넘치고 창의적인 작품을 남겼지만 내성적이고 온화한 성품의 슈베르트는 서정적이고 아름다운 곡을 썼습니다. 그래도 슈베르트는 평생 베토벤을 흠모했으며 베토벤의 장례식에서도 맨 앞에 참석해서 애도했다고 전해집니다.

⏱ 42-1
슈베르트, 〈겨울 나그네〉 D. 991, 5곡 '보리수'
교과서에 실릴 정도로 유명한 노래입니다. 방랑여행을 떠난 젊은이가 보리수 나무 아래에서 위로를 받는 내용입니다.

⏱ 42-2
슈베르트, 즉흥곡 D. 899, 2번
맑고 경쾌한 피아노의 빠른 선율이 돋보이는 작품으로, 피아노를 배우는 학생이라면 누구나 배우는 곡 중 하나입니다.

⏱ 42-3
슈베르트, 교향곡 8번 〈미완성〉 D. 759, 1악장
1, 2악장만 작곡하고 미완성으로 남겨진 작품입니다. 만화영화 〈개구쟁이 스머프〉의 삽입곡으로 유명한 작품입니다.

멘델스존

지성과 감성을 겸비한
금수저 출신의 천재 음악가

펠릭스 멘델스존 바르톨디Jakob Ludwig Felix Mendelssohn-Bartholdy(1809~1847)는 '금수저' 출신 작곡가입니다. 저명한 철학자인 할아버지, 부유한 은행가인 아버지와 아마추어 피아니스트인 어머니를 둔 멘델스존은 부유하고 행복한 가정에서 자랐습니다. 부모는 멘델스존에게 문학, 역사, 예술 등 다양한 분야의 수준 높은 교육을 제공했습니다. 아버지는 멘델스존의 뛰어난 음악적 재능을 알아보고 아들을 위해 오케스트라를 선물할 정도로 지원을 아끼지 않았습니다.

멘델스존 가문의 저택은 저명한 학자, 작가, 음악가, 화가의 아지트였고 이곳에서 멘델스존은 괴테와 같은 당대의 지성과 깊이 교류합니다. 괴테는 열두 살인 멘델스존과 60년이나 나이 차가 났지만 재능에 탄복해 그를 매우 아꼈습니다.

당시 부유한 집안의 자제는 여행을 통해 소양을 쌓았습니다. 멘델스존은 유럽 전역을 여행하며 감상을 음악으로 남겼습니다. 그중 교향곡 〈이탈리아〉와 〈스코틀랜드〉, 〈핑갈의 동굴 서곡〉이 유명합니다.

〈이탈리아〉는 밝고 햇살이 좋은 이탈리아의 풍경을 경쾌하게 그린 작품입니다. 1악장의 멜로디는 우리 귀에도 익숙합니다. 이에 비해 단조의 선율로 진행되는 〈스코틀랜드〉는 흐린 하늘 아래 음울하면서도 아름나운 스코틀랜드의 풍광을 묘사합니다. '핑갈의 동굴'은 스코틀랜드 동부의 해안 절벽 사이의 동굴입니다. 세찬 파도가 만든 동굴에 사람들은 바이킹의 침략을 막은 스코틀랜드의 전설적 영웅 핑갈의 이

름을 붙였습니다. 멘델스존은
〈핑갈의 동굴 서곡〉에서 기이
하게 깎인 바위들과 일렁거리
는 물결을 눈에 보이듯 표현했
습니다. 〈바이올린 협주곡〉도
크게 사랑받는 작품입니다. 첫
도입부의 바이올린 선율이 애
간장을 녹입니다. 자주 연주되

피아노를 연주하고 있는 멘델스존과 그를 지켜보는 괴테

는 바이올린 협주곡 중 하나입니다.

　부유하고 행복한 삶을 산 멘델스존에게도 몇 가지 힘든 점이 있었습니다. 멘델스존은 유대인이라 평생 사회에서 차별받았습니다. 기독교로 개종했지만 소용없었지요. 또 하나는 각별한 관계였던 누나를 잃은 것이었습니다. 멘델스존은 어려서부터 누나 파니와 매우 가깝게 지냈습니다. 파니도 멘델스존 못지않게 음악적 재능을 타고난 여성이었습니다. 파니는 마흔 한 살에 갑자기 쓰러져 사망했는데, 멘델스존은 누나가 죽은 후 심한 우울증을 겪고 건강이 급격히 나빠져 결국 누나가 죽은 지 6개월 만에 서른여덟 살로 요절하고 말았습니다.

　넉넉한 집안에서 어려움을 모르고 자랐기 때문에 단순하고 밝은 음악만 작곡했다는 오해를 받기도 하지만 사실 그의 작품을 살펴보면 다양한 성격의 선율이 가득하다는 것을 알 수 있습니다. 다만 동시대 작곡가들보다 보수적이고 고전적인 편입니다. 바흐, 베토벤 등 선배 음악가들의 작품을 열심히 연구하며 옛 음악의 영향을 많이 받았기 때문입니다.

✓ 43-1
멘델스존, 〈핑갈의 동굴 서곡〉 Op. 26
스코틀랜드의 동굴을 묘사한 곡으로 일렁이는 바다가 눈앞에 펼쳐지는 느낌이 듭니다.

✓ 43-2
멘델스존, 〈바이올린 협주곡〉 Op. 64
6년에 걸쳐 작곡한 역작입니다. 세 개의 악장을 쉬지 않고 연주하는데 '운명의 수레바퀴'를 묘사했다고 합니다.

133 •

폴란드 바르샤바에서 열리는 쇼팽 국제 피아노 콩쿠르는 프레데리크 쇼팽Frédéric
François Chopin(1810~1849)을 기리기 위해 시작된 경연 대회로 전 세계 젊은 피아니스트
들에게 꿈의 콩쿠르로 불립니다. 한국 피아니스트 조성진이 2015년에 우승한 콩쿠
르이기도 하지요. 초기 낭만주의 작곡가 중 한 명인 쇼팽은 1810년 폴란드에서 태어
나 서른아홉 살에 사망한 피아니스트이자 작곡가입니다. 그가 작곡한 거의 모든 작
품이 피아노 연주곡이며, 본인 역시 유럽에서 손꼽히는 피아니스트였습니다.

예민하고 까칠해 보이는 쇼팽

쇼팽의 아버지는 프랑스 사람이었습니다. 따
라서 그의 이름 'Chopin'은 초핀이라 읽지 않고
프랑스식으로 '쇼팽'이라고 읽습니다. 쇼팽의 어
머니는 피아노 교사였습니다. 여섯 살 때부터 어
머니에게 피아노를 배운 쇼팽은 열세 살 때부터
독창적인 작품을 만들기 시작했습니다. 열다섯
살 때는 러시아 황제 앞에서 피아노를 연주해 황
제로부터 다이아몬드 반지를 받기도 했습니다.

쇼팽은 열아홉 살에 바르샤바 음악원 동급생
인 콘스탄티아 글라드코프스카를 보고 한눈에
반했습니다. 성악 전공생인 콘스탄티아에게 마

파리의 살롱에서 연주하는 쇼팽

음을 빼앗겨서 친구에게 "이상형을 발견했어!"라고 고백했습니다. 그러나 내성적이고 예민했던 쇼팽은 정작 6개월이 지나도록 콘스탄티아에게 말도 걸어보지 못했지요. 대신 그 해 작곡한 피아노 협주곡 2번 2악장에 그녀에 대한 애정과 그리움을 한껏 담았습니다. 피아노 독주의 도입부는 사랑의 황홀함과 순수함, 아름다움을 그대로 보여주며, 곡의 중반부에는 단조로 사랑의 고통을 토로하는 듯합니다.

당시 폴란드는 러시아의 지배에 항거하여 혁명을 일으켰으나 실패했습니다. 스무 살 무렵 프랑스로 연주 여행을 떠난 쇼팽은 평생 다시는 고국으로 돌아가지 못했습니다. 러시아의 침공으로 폴란드가 위험해졌기 때문입니다.

그는 파리에 머물면서 살롱에서 피아노를 연주하며 살았습니다. 예술가, 문인 지식인들이 교류하는 살롱에서 쇼팽은 서로 모셔 가려고 애쓰는 인기 피아니스트였습니다. 리스트는 쇼팽의 천재성을 재빨리 알아보고 파리 음악계에 소개했고, 그의 고상하고 아름다운 피아노 연주는 큰 인기를 끌었습니다. 쇼팽은 파리에서 인정받는 음악가였지만 평생 고국을 그리워하며 폴란드의 민속 춤곡인 마주르카mazurka나 폴로네즈polonez를 작곡하기도 했습니다. 결국 1849년 서른아홉 살의 나이로 세상을 떠나 파리에 묻혔지만, 자신의 무덤에 폴란드의 흙을 뿌려달라고 유언을 남길 정도로

아돌프 카르펠루스, 〈쇼팽과 조르주 상드〉, 1923년

평생 고향을 그리워했습니다.

쇼팽은 긴 소나타뿐 아니라 자유롭고 짧은 소품도 많이 작곡했습니다. 자유로움을 추구하는 19세기 낭만주의 시대 특징이지요. '녹턴nocturne'은 밤의 정취를 표현한 곡으로 감미로워서 듣기 편합니다. 또 다른 소품은 '프렐류드prelude'입니다 원래 예배나 미사를 드리기 전에 신도들이 경건한 마음을 갖도록 연주하는 음악이 전주곡이지만 낭만주의 시대에는 종교적 의미와 상관없이 프렐류드를 작곡했습니다.

〈빗방울 전주곡〉에 얽힌 유명한 일화가 있습니다. 쇼팽이 결핵에 걸려 요양할 때 열이 펄펄 끓자 연인 조르주 상드가 시내에 약을 구하러 나갔습니다. 조르주 상드는 소설가로 쇼팽보다 연상이었으며, 남성의 이름을 필명으로 사용하고 남장을 하고 다니는 씩씩한 여인이었습니다. 그녀는 예민하고 병약한 쇼팽을 늘 돌보았습니다. 상드가 돌아와 보니 쇼팽이 엎드려 작곡을 하고 있었습니다. 밖에 비가 내리는 모습을 보고 영감을 받아 프렐류드를 만든 것입니다.

왈츠는 춤곡이지만 쇼팽은 피아노곡으로 만들어 연주했습니다. 마주르카나 폴로네이즈처럼 폴란드의 전통적인 춤곡을 피아노곡으로 만들기도 했습니다. 쇼팽의 또 다른 소품으로 '에튀드etude'가 있습니다. 에튀드는 기교를 익히려고 배우는 연습곡을 뜻합니다. 하농이나 체르니 연습곡은 음악적으로 아름답지는 않습니다. 하지만 쇼팽의 연습곡은 너무나 아름답고 예술적이어서 연주용으로 종종 연주됩니다. 그중

〈흑건〉은 검은 건반으로만 치는 속도감 있는 에튀드로 재미있는 작품입니다. 쇼팽의 소품은 클래식 초보자가 들어도 어렵지 않고 듣기 편합니다. 유튜브에 검색해서 꼭 감상해 보세요.

쇼팽의 곡은 음악의 템포가 일정하게 유지되지 않고 당겨지거나 느려집니다. 이는 낭만주의 음악이 자유로운 표현을 갈망했기 때문에 생긴 주법으로 '루바토rubato'라고 합니다. 쇼팽 연주의 관건은 루바토를 적절히 표현하는 것입니다. 그래야 더 낭만적이고 서정적인 분위기를 낼 수 있기 때문입니다.

쇼팽은 유독 피아노에 집중해 작품을 남겨 '피아노의 시인'이라는 별명으로도 불립니다. 쇼팽의 작품을 듣고 있노라면 로맨틱한 시를 읽는 듯한 기분이 들지도 모르겠습니다.

⊘ 44-1
쇼팽, 피아노 협주곡 2번 Op. 21, 2악장
열아홉 살 때 작곡한 이 곡은 쇼팽이 짝사랑하던 여학생에게 수줍어 고백하지 못하고, 대신 사랑의 열정과 괴로움을 담아 작곡한 것입니다.

⊘ 44-2
쇼팽, 〈빗방울 전주곡〉, Op. 28 No. 15
쇼팽은 총 24개의 전주곡을 썼는데 그중 15번째 곡입니다. 왼손이 한 음을 반복적으로 연주하는 것이 빗방울을 연상시킨다 하여 후대 사람들이 '빗방울 전주곡'이라는 부제를 붙였지요.

⊘ 44-3
쇼팽, 〈흑건〉, Op. 10 No. 5
검은 건반으로만 연주하는 이 곡은 화려하고 빠르게 연주하는 작품입니다. 영화 〈말할 수 없는 비밀〉의 피아노 배틀 장면에 삽입되어 큰 사랑을 받았습니다.

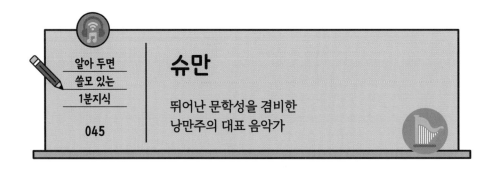

슈만

뛰어난 문학성을 겸비한
낭만주의 대표 음악가

초기 낭만주의 음악가 중 한 명인 로베르트 슈만Robert Schumann(1810~1856)은 쇼팽과 동갑으로, 1810년에 태어나 1856년에 사망한 독일 작곡가입니다.

슈만은 부모의 바람대로 법대에 진학했으나 학교를 그만두고 음악 교육을 받습니다. 그런데 피아노 연습을 너무 무리하게 하는 바람에 손가락을 다쳐 피아니스트의 꿈을 접고 작곡가로 활동하게 됩니다. 슈만은 유명한 피아노 교사인 비크의 제자였습니다. 그는 비크의 딸 클라라와 사랑에 빠집니다. 비크는 천재 피아니스트로 이름을 떨치는 딸과 무명 작곡가 슈만의 결혼을 크게 반대합니다. 그러나 클라라는 아버지의 극심한 반대를 무릅쓰고 슈만과 결혼합니다. 둘은 매우 행복한 결혼 생활을 했으며 아이를 여덟 명이나 낳았습니다.

슈만의 아버지는 서점을 운영했습니다. 일찍부터 책을 많이 읽은 슈만은 문학적 재능도 있어서 음악 잡지를 창간하고 쇼팽, 브람스 등 무명 음악가들의 작품을 소개하며 평론가로도 활동합니다. 그러나 안타깝게도 슈만은 유전적인 우울증을 앓았습니다. 뒤셀도르프에서 음악 감독을 맡았으나 우울증이 발병하자 쫓겨나고 맙니다. 우울증은 날로 심해져 환청이 들리기도 했습니다. 그는 말년에 매우 쓸쓸하게 살았습니다. 꾸준히 그를 찾아와 끝까지 곁에서 위로해준 사람이 바로 후배 작곡가 브람스입니다. 절망에 빠진 슈만은 라인강에서 투신자살을 시도하기도 했습니다. 그 후 제 발로 정신병원에 들어가 2년 정도 지내다 마흔여섯 살의 나이로 사망했습니다.

로베르트 슈만과 클라라 슈만

남편이 죽은 후 클라라는 피아노 연주자이자 교육가로 활동하며 여덟 명의 아이를 키웠습니다. 슈만 부부와 친분이 있던 브람스가 클라라를 물심양면으로 돕고 아이들을 돌보았습니다. 브람스는 평생 클라라를 연모했지만 스승의 아내였던 그녀와 결혼하지는 않았어요. 클라라가 사망하자 브람스도 몇 달 후에 세상을 떠납니다.

45-1

슈만, 〈어린이 정경〉 Op. 15 중 7번 '트로이메라이'
슈만은 어린이를 참 좋아했습니다. 그래서 어린이들이 노는 모습을 묘사해 이 작품을 만들었지요. '트로이메라이'는 '꿈'이라는 뜻으로 아이가 꿈꾸는 모습을 묘사한 곡입니다.

45-2

슈만, 피아노 협주곡 Op. 54, 2악장
널리 연주되는 낭만주의 시대 피아노 협주곡 중 하나로 슈만의 아내 클라라가 초연했습니다. 목가적이며 낭만적인 느린 선율로 되어 있고 피아노와 첼로의 대화가 인상적입니다. 2악장은 쉬지 않고 바로 3악장으로 이어집니다.

브람스

낭만주의 시대의 고전주의자

요하네스 브람스Johannes Brahms(1833~1897)는 1833년에 태어나 1897년에 죽은 독일 낭만주의 작곡가입니다. 독일이 낳은 위대한 세 음악가의 이름에 모두 B가 들어가 '3B'라 불리는데 바흐, 베토벤, 브람스가 그들입니다.

브람스는 모차르트 못지않은 신동이었습니다. 더블베이스 주자였던 아버지의 피를 물려받았는지 열 살에 첫 피아노 독주회를 열었습니다. 젊은 시절에는 헝가리 민속 음악에 푹 빠지기도 했습니다. 헝가리 출신 바이올리니스트 레메니와 연주 여행을 하다가 집시의 선율과 리듬에 매료된 것입니다. 그가 작곡한 〈헝가리 춤곡〉은 지금도 자주 연주되는 명곡입니다.

브람스는 낭만주의 시대 작곡가이지만 매우 보수적인 경향을 띠었습니다. 낭만주의 시대에 만들어진 장르인 교향시, 대규모 음악극에는 관심이 없었습니다. 베토벤의 뒤를 이어 고전주의 시대부터 발전한 교향곡 작곡에 골몰했고 피아노 소나타, 협주곡, 가곡 등을 작곡했습니다.

브람스는 슈만 부부와의 관계로도 유명합니다. 브람스의 재능을 알아본 슈만과 클라라는 그를 지원했습니다. 슈만이 사망한 후 브람스는 클라라와 자녀들을 헌신적으로 돌봤습니다. 그는 클라라를 사랑했지만 스승의 아내였으므로 그녀와 결혼하지 않고 평생 독신으로 살았습니다. 클라라는 브람스와 절친한 관계를 유지했지만 죽을 때까지 그 이상의 관계를 허락하지 않았습니다. 브람스와 클라라가 주고받았던 수많

바이올리니스트 레메니와 브람스

은 편지가 현재에도 남아 있어 그의 순애보와 헌신적인 사랑을 보여줍니다.

그는 생전에 바그너와 자주 비교되었습니다. 같은 독일 출신이었지만 진보적이고 기존의 형식을 벗어나서 새로운 실험을 했던 바그너와 달리 브람스는 베토벤을 평생의 롤모델로 여기고, 보수적인 경향을 고수했기 때문입니다. 베토벤처럼 교향곡 작곡에 매달렸지만, 평생 베토벤을 넘어설 수 없음에 절망하기도 했습니다.

◈ 46-1
브람스, 헝가리 춤곡 1번
연주 여행에서 헝가리의 민속 음악을 접한 브람스는 〈헝가리 춤곡〉 시리즈를 작곡합니다.

◈ 46-2
브람스, 교향곡 3번 3악장
애수 어린 멜로디가 매우 낭만적입니다. 이 곡을 작곡할 당시 바덴바덴의 숲을 자주 산책하여 자연의 따스함을 묘사했습니다.

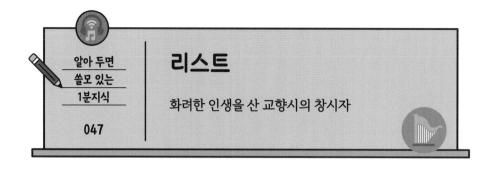

알아 두면
쓸모 있는
1분지식

047

리스트

화려한 인생을 산 교향시의 창시자

프란츠 리스트Franz Liszt(1811~1886)는 헝가리에서 태어난 중기 낭만주의 시대의 대표 작곡가입니다. 그의 아버지는 하이든이 평생 일한 헝가리 에스테르하지궁의 집사이자 음악 애호가였습니다.

리스트는 당대 유명한 피아노 교사였던 체르니(우리가 흔히 치는 〈체르니 100번〉을 작곡한 음악가)에게 피아노를 배우고, 모차르트의 라이벌이었던 살리에리에게 작곡을 배웠습니다. 스무 살 무렵 스타 바이올리니스트 파가니니의 연주를 듣고 자신도 피아노계의 파가니니가 되겠다고 결심합니다. 그는 파가니니처럼 뛰어난 기교를 연마하고자 열심히 연습했습니다. 이후 리스트는 유럽을 대표하는 인기 피아니스트가 됩니다.

뛰어난 피아니스트인 데다 매력적인 외모를 갖춘 리스트는 유럽의 공주나 귀족 부인과 수많은 염문을 뿌렸습니다. 다구 백작부인과 연애를 해 세 자녀를 두기까지 했습니다. 딸 코지마는 훗날 작곡가 바그너와 결혼합니다.

리스트는 진보적 성향의 작곡가였습니다. '피아노는 그 자체로 오케스트라다'라는 생각으로 수많은 교향곡, 오페라, 기악곡 등을 피아노곡으로 편곡했습니다. 또 '교향시'라는 새로운 장르를 만들었는데 이는 문학, 역사, 자연풍경, 개인의 주관적 감정을 주제로 한 악장짜리의 짧고 자유로운 오케스트라 작품을 말합니다.

그는 많은 피아노 작품을 남겼습니다. 화려한 테크닉을 구사했던 유럽 최고의 피아니스트답게 그의 피아노 작품은 난해한 기교가 가득합니다. 그러나 서정적이고 감

프란츠 리스트

미로운 소품도 있어서 현재까지 사랑받고 있습니다.

젊은 시절 많은 여인들과 로맨스를 즐기던 리스트는 말년에 신학을 공부하고 가톨릭 사제가 되어 경건한 삶을 삽니다. 그리고 수많은 제자를 길러냈습니다. 리스트는 후학에게 존경받는 작곡가였으며 참으로 다채로운 인생을 산 음악가입니다.

47-1
리스트, 파가니니에 의한 대연습곡 S. 141, 3번 〈라 캄파넬라〉
파가니니의 바이올린 곡을 피아노곡으로 편곡한 작품입니다. 라 캄파넬라는 '종소리'를 뜻하는데, 종소리를 연상시키는 멜로디가 작품 내내 등장합니다.

47-2
리스트, 교향시 10번 〈햄릿〉, S. 104
셰익스피어의 희곡 『햄릿』을 주제로 만든 교향시. 단악장으로 되어 있으며 비장한 관악기의 멜로디로 햄릿의 비극적인 분위기를 표현합니다.

47-3
슈만/리스트, 〈헌정〉, Op. 25
슈만이 결혼식 전날 아내 클라라에게 바친 가곡을 리스트가 피아노 독주곡으로 편곡한 작품입니다. 낭만적이고 감미로운 선율이 가득합니다.

베르디

이탈리아 오페라의 아버지

주세페 베르디Giuseppe Verdi(1813~1901)는 19세기를 대표하는 이탈리아 오페라 작곡가
입니다. 여인숙을 운영하는 가난한 집안에서 태어난 베르디는 음악에 천부적 재능
을 보여 열두 살에 오르간 연주자가 되었고 어려운 형편에도 음악 공부를 계속했습
니다.

베르디는 오페라 〈나부코〉의 성공으로 유명해졌습니다. 당시 베르디는 결혼한
지 4년 만에 아내와 두 아이를 잃었습니다. 또한 야심만만하게 준비한 코믹 오페라
는 흥행에 참패해 자살을 생각할 정도로 크게 절망했습니다. 그러나 〈나부코〉의 대
본을 보고 감동해 다시 작곡을 시작합니다. 그는 구약 성경에 나오는 바빌론에 끌려
간 이스라엘 사람들의 이야기가 당시 이탈리아의 상황과 매우 흡사하다고 생각했습
니다. 오스트리아의 지배를 받던 이탈리아 사람들은 오페라 〈나부코〉를 보며 독립해
서 통일국가를 세우기를 꿈꿨습니다. 이 작품으로 베르디는 이탈리아의 국민 영웅으
로 급부상하게 됩니다.

베르디의 가장 유명한 오페라 몇 작품을 살펴보겠습니다. 〈리골레토〉는 호색한
인 만토바 공작을 사랑하는 곱추의 딸 질다의 사랑 이야기입니다. 광대로 일하는 곱
추 리골레토에게는 아름답고 착한 딸 질다가 있습니다. 만토바 공작은 질다를 유혹
하고, 순진한 처녀 질다는 만토바 공작을 진심으로 사랑하게 되지만 버림받습니다.
질다의 아버지 리골레토가 질다를 버린 만토바 공작을 암살하려는 계획을 듣고 질다

오페라 〈리골레토〉의 한 장면

는 공작 대신 죽습니다.

리골레토는 사랑하는 딸 질다가 죽은 것을 알고 비통에 빠집니다. 당시 계급사회의 문제를 신랄하게 다룬 이 작품은 상연이 금지되기도 했습니다. 〈리골레토〉에서는 '여자의 마음'이라는 아리아가 유명합니다. 바람둥이 만토바 공작이 자신은 모든 여자의 마음을 쉽게 얻을 수 있다며 부르는 노래입니다. '여자의 마음은 갈대와 같아'라는 첫 부분 가사가 유명합니다. 이 아리아는 당시에도 큰 인기를 끌었지만, 현재에도 광고 음악으로 가사만 바꿔서 자주 사용됩니다.

두 번째는 파리의 고급 매춘부 비올레타와 귀족 알프레도의 이루어질 수 없는 사랑 이야기 〈라 트라비아타〉입니다. 신분 차이가 나는 두 사람은 사랑에 빠지지만 알프레도의 아버지 제르몽은 비올레타에게 아들과 헤어지라고 말합니다. 비올레타는 다시 매춘부 생활로 돌아가고 알프레도는 큰 배신감에 사로잡힙니다. 비올레타를 후원하는 남자와 결투해 상처를 입힌 알프레도는 외국으로 도망갑니다. 폐병이 심해진 비올레타는 알프레도에게 자신의 초상화가 그려진 목걸이를 남기고 숨을 거둡니다.

세 번째는 이집트가 배경인 〈아이다〉입니다. 베르디가 이집트 수에즈 운하 개통 축하를 위해 쓴 작품입니다. 이집트로 잡혀와 이집트 공주 암네리스의 노예가 된 에

1880년 〈아이다〉 파리 초연 당시의 베르디

티오피아 공주 아이다가 이집트 장군 라다메스와 사랑하며 벌어지는 이야기입니다. 장중하고 화려한 음악과 웅장한 무대 연출로 베르디 예술의 집대성이라는 평가를 받는 작품입니다. 라다메스가 에티오피아에서 큰 승리를 거두고 돌아올 때 나오는 개선 행진곡은 지금도 자주 연주됩니다.

베르디의 오페라는 이탈리아 국민들의 자부심과 애국심을 고취시켰습니다. 1861년 드디어 이탈리아가 독립하자, 민족주의자였던 베르디는 통일 이탈리아 왕국의 국회의원이 됩니다. 그러나 정치에는 잘 적응하지 못해 곧 그

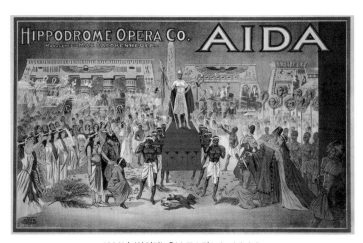

1908년 〈아이다〉 홍보 포스터(2막 2장의 장면)

만두고 다시 음악 활동을 시작합니다.

어린 시절 매우 가난했던 베르디는 훗날 엄청난 부를 모았습니다. 그는 가난한 음악가들을 돌보는 양로원 '안식의 집'을 세웠습니다. 자신의 작품 중 가장 마음에 드는 것이 무엇이냐는 질문에 '안식의 집'이라고 대답하기도 했지요. 이 곳은 지금도 가난한 음악가들을 돌보는 양로원으로 운영되고 있습니다.

 48-1

베르디, 〈나부코〉 중 '히브리 노예의 합창'
바빌론에 끌려간 히브리 사람들이 고국을 그리워하며 부르는 합창곡입니다.

 48-2

베르디, 〈라트라비아타〉 중 '축배의 노래'
여자 주인공인 비올레타와 그녀를 남몰래 사랑하는 청년 알프레도가 파티에서 처음 만나 함께 부르는 이중창입니다.

 48-3

베르디, 〈아이다〉 중 '개선 행진곡'
이집트 장군 라다메스가 에티오피아에서 크게 승리하고 돌아오며 부르는 곡입니다.

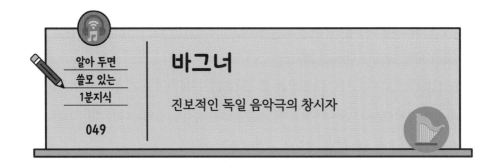

알아 두면
쓸모 있는
1분지식

049

바그너

진보적인 독일 음악극의 창시자

베르디와 바그너Wilhelm Richard Wagner(1813~1883)는 19세기 오페라의 양대 산맥이라 할 수 있습니다. 사회 풍자나 남녀의 사랑을 다룬 베르디와 달리 바그너는 독일의 신화나 역사를 소재로 한 작품을 만들어 독일어 오페라를 크게 발전시켰습니다. 중세 음유시인의 이야기 〈탄호이저〉, 〈뉘른베르크의 명가수〉, 게르만 신화를 바탕으로 작곡한 〈니벨룽의 반지〉 시리즈가 대표적인 작품입니다.

바그너는 성격이 괴팍하고 자기중심적인 사람이었습니다. 또한 동료 작곡가들을 험담하는 것을 좋아했습니다. 그는 게르만족에 대한 자부심이 높고 유태인을 혐오했습니다. 히틀러는 바그너를 매우 좋아했다고 합니다. 그래서 지금도 이스라엘에서는 바그너의 작품을 연주하지 않습니다.

바그너는 오페라보다 음악극을 많이 만들었습니다. 연극과 음악을 긴밀하게 결합해 오페라보다 큰 규모의 노래극을 만든 것이지요. 바그너 음악극의 특징 중 하나가 유도 동기(라이트모티프)입니다. 주요 인물이나 사물, 특정 감정을 상징하는 멜로디를 말합니다. 예를 들어 〈트리스탄과 이졸데〉에서 트리스탄의 주제 선율과 이졸데의 주제 선율이 정해져 있고, 이들이 등장할 때 해당 주제 선율이 나옵니다. 라이트모티프를 사용하면 관객에게 인물에 대해 효과적으로 암시할 수 있습니다.

바그너의 역작인 〈니벨룽겐의 반지〉 시리즈는 영화 〈반지의 제왕〉과 같은 모티브로 만들어진 이야기입니다. 절대반지를 소유하면 모든 것을 파괴할 힘을 갖게 되

는 이야기지요. 〈니벨룽겐의 반지〉는
네 작품으로 구성되어 있으며 한 작품당
네 시간이나 공연합니다. 하지만 이야
기의 진행이 매우 재미있고 음악이 극적
이어서 전혀 지루하지 않습니다.

바그너의 음악극에는 베르디의 아리
아처럼 귀에 쏙 들어오는 선율의 아리아

〈니벨룽겐의 반지〉 중 한 장면

가 거의 없습니다. 이탈리아의 오페라에서는 아름다운 아리아가 중요하지만 바그너
의 음악극에서는 오케스트라가 중심이 되어 음악이 끊이지 않고 계속됩니다.

바그너는 임시표를 많이 사용해서 조성감을 불안하게 만들었습니다. 그리고 기
존의 화성학 법칙을 따르지 않는 경우도 많았지요. 이러한 기법을 반음계주의라고
합니다. 바그너의 반음계주의는 기존의 화성학을 확장해 20세기 무조음악(조성이 느껴
지지 않는 음악)으로 가는 가교 역할을 하였습니다.

독일 바이로이트에서는 매년 바그너 축제가 열립니다. 바그너의 후손들이 운영
하고 바그너의 작품들을 공연하는 축제입니다. 한국의 오페라 가수 강병운 씨도 이
축제에 초대된 적이 있습니다. 그는 독일 성악가들도 소화하기 어려운 바그너의 작
품을 멋지게 연주하는 성악가로 유명합니다.

⏱ 49-1
바그너, 〈로엔그린〉 중 '결혼 행진곡'
독일의 전설을 바탕으로 하는 오페라로 3막에 주인공이 결혼할 때 울려퍼지는 '혼례의 합창'은 현재 결혼식에
서 신부가 입장할 때 늘 연주됩니다.

⏱ 49-2
바그너, 〈니벨룽겐의 반지〉 중 '발퀴레의 기행'
발퀴레는 가장 중요한 신 보탄과 지혜의 여신 에르다가 낳은 8명의 딸들입니다. 발퀴레는 날개 달린 말을 타
고 전쟁터를 날아다니며 다친 전사들을 성으로 옮깁니다. 영화 〈지옥의 묵시록〉의 배경음악으로 사용되어
우리 귀에 익숙한 곡입니다.

비제, 푸치니

오페라 히트 제조기

조르주 비제Georges Bizet(1838~1857)는 프랑스 음악가로 피아노와 성악을 가르치는 부모 사이에서 태어났습니다. 열 살에 파리 음악원에 들어가 〈아베 마리아〉로 유명한 구노와 함께 공부했습니다.

그는 열여덟 살에 로마 대상을 받습니다. 로마 대상은 프랑스에서 회화·조각·건축·판화·음악 분야의 콩쿠르를 열어 1등을 한 학생을 로마의 프랑스 아카데미로 유학을 보내 주는 예술인 육성 제도입니다. 베를리오즈, 구노, 드뷔시가 로마 대상을 받은 작곡가들입니다.

비제 최고의 걸작은 오페라 〈카르멘〉입니다. 스페인의 담배공장에서 일하는 집시 여인 '카르멘'과 그녀를 사랑하는 군인 돈 호세, 카르멘과 바람을 피우는 투우사 에스카미요 등이 등장하는 이 오페라는 상연 당시 프랑스 관객의 야유를 받았습니다. 전통적으로 여자 주인공은 청순가련한 여인이었지만, 〈카르멘〉은 관능적이고 부도덕한 여인을 주인공으로 삼았습니다. 또한 남자 주인공은 사랑에 배신당한 후 여주인공을 죽이는데 그 결말이 너무 자극적이고 불편했기 때문입니다.

비제는 〈카르멘〉이 후대에 길이 남는 작품이 되리라는 사실을 알지 못한 채 1875년 파리 근교에서 쓸쓸히 죽었습니다. 비제 사후 〈카르멘〉은 브람스가 스무 번 이상 관람하며 호평할 정도로 큰 인기를 얻었습니다. 이국적인 스페인의 풍경, 플라멩코 춤, 아름다운 음악 등 매력적인 요소로 가득한 오페라 〈카르멘〉은 매우 유명해져서

| 조르주 비제 | 1875년 오페라 〈카르멘〉의 초연 포스터 |

뮤지컬로도 제작되었습니다.

자코모 푸치니Giacomo Puccini(1858~1924)는 19세기 후반~20세기 초반에 가장 유명했던 이탈리아 오페라 작곡가입니다. 푸치니는 고조할아버지부터 아버지까지 모두 작곡가였습니다. 열여덟 살 때 베르디의 〈아이다〉를 보고 오페라 작곡가가 되기로 결심했다고 합니다.

한국에서도 자주 공연되는 푸치니의 대표작과 유명한 아리아를 살펴보겠습니다. 첫 번째는 〈라보엠〉입니다. '보엠'이란 '보헤미안', 즉 자유로운 기질을 가진 사람을 뜻합니다. 이 오페라는 프랑스 뒷골목에 사는 가난한 예술가 지망생의 사랑 이야기입니다. 〈라보엠〉 중 '그대의 찬 손'은 처음 만난 남녀 주인공이 사랑을 느끼며 부르는 아리아입니다.

두 번째는 〈나비 부인〉입니다. 일본 게이샤 초초상과 해군 중위 핑커튼의 사랑 이야기입니다. 대표곡인 아리아 '어떤 개인 날'은 초초상이 미국으로 떠난 남편 핑커튼이 돌아오기를 기다리며 부르는 아리아입니다.

세 번째는 〈투란도트〉입니다. 중국 베이징에 사는 투란도트 공주가 신랑감을 구

자코모 푸치니

오페라 〈투란도트〉 오리지널 포스터

오페라 〈나비 부인〉 1904년 오리지널 포스터

하는 이야기입니다. 투란도트는 자신이 낸 문제 세 개를 모두 맞히는 사람과 혼인하겠다고 공표합니다. 많은 사람이 도전하지만 모두 탈락하고, 공주는 문제를 맞히지 못한 남자들을 모두 사형시킵니다. 신분을 숨기고 도전한 칼리프 왕자는 세 개의 문제를 모두 맞힙니다. 어쩔 수 없이 왕자와 결혼하게 된 투란도트는 크게 낙심합니다. 칼리프 왕자는 자신의 이름을 맞히면 공주의 소원대로 결혼하지 않겠다고 말합니다.

왕자의 이름을 알아내기 위해 공주는 모든 사람이 잠들지 못하게 합니다. 이때 칼리프 왕자가 부르는 '아무도 잠들지 마라'가 매우 유명합니다. 우여곡절 끝에 왕자와 투란도트 공주는 서로 사랑하게 됩니다.

비제와 푸치니의 오페라는 종종 한국에서도 공연되니 여러분도 시간을 내서 공연장에 가 보시기 바랍니다. 오페라를 보기 전에 줄거리를 인터넷에서 검색해 보고 가면 공연을 즐기는데 큰 도움이 됩니다.

🕐 50-1

비제, <카르멘> 중 '하바네라'
카르멘이 부르는 관능적이고 아름다운 아리아입니다. 이 노래를 듣고 주인공 돈 호세는 카르멘에게 사랑을 느낍니다.

🕐 50-2

푸치니, <나비부인> 중 '어떤 개인 날'
일본 게이샤 초초상은 본국으로 돌아간 남편 핑커튼을 기다리며 이 노래를 부릅니다. 초초상은 일본인 역할이어서 동양인 소프라노가 자주 부릅니다.

🕐 50-3

푸치니, <투란도트> 중 '아무도 잠들지 말라'
공주가 칼리프 왕자의 이름을 알아낼 때까지 아무도 잠들지 말라고 하자 칼리프 왕자가 부르는 노래입니다.

차이콥스키

낭만적 선율 아래에 숨어 있는 외로움

표트르 일리치 차이콥스키Pyotr Il'ich Chaikovskii(1840~1893)는 1840년 러시아에서 출생한 작곡가입니다. 당시 러시아 작곡가들은 러시아 민속 음악을 차용해 새로운 음악을 만드는 민족주의 운동을 벌입니다. 그러나 차이콥스키는 서유럽, 특히 독일 낭만주의 음악 어법을 고수했습니다. 그는 아버지의 권유로 법률학교에 들어가서 정부 관리가 되지만 곧 직장을 그만두고 음악원에 입학합니다. 그리고 천부적인 재능을 인정받아 스물여섯 살에 모스크바 음악원의 교수가 됩니다.

그러나 그에게는 평생 말 못 할 비밀이 있었습니다. 바로 동성애자라는 사실이었습니다. 당시에 동성애자가 받은 사회적 도덕적 압박은 지금보다 훨씬 더 컸습니다. 차이콥스키는 너무나 괴로운 나머지 자살을 시도하기도 했습니다. 결혼을 한 적도 있지만 결국 아내와 헤어집니다.

평생 외롭게 지내던 차이콥스키를 재정적으로 후원해 주고 응원해 준 사람이 있었으니 바로 부유한 미망인 폰 메크 부인입니다. 부인은 13년간 차이콥스키와 거의 매일 편지를 주고 받으며 후원해 주었습니다. 절대 만나지 않는 것이 조건이었지요. 그들은 평생 한 번도 만나지 않았지만 친밀한 관계를 이어갔습니다.

그런데 폰 메크 부인은 1890년에 갑자기 후원을 중단합니다. 아마 가족들의 반대로 차이콥스키와의 교류를 끊은 것 같습니다. 차이콥스키는 이 일로 깊은 상처를 입었으며 우울증이 더욱 심해졌습니다. 결국 그는 1893년 콜레라로 사망하는데, 일

표트르 일리치 차이콥스키

설에는 동성애자인 사실이 밝혀질까 봐 두려워 자살했다고 전해집니다.

차이콥스키 음악은 아름답지만 한편으로 우울하고 비장한 느낌의 선율로 가득합니다. 〈비창 교향곡〉, 〈피아노 협주곡〉, 〈바이올린 협주곡〉의 선율은 러시아의 감수성과 우울함, 아름다움을 모두 보여줍니다. 또한 발레음악에도 재능을 보여 〈호두까기 인형〉, 〈백조의 호수〉 등 많은 명곡을 남겼습니다.

51-1
차이콥스키, 〈바이올린 협주곡〉 1악장
결혼 3개월 만에 이혼을 한 후 외국을 떠돌게 있을 때 바이올리니스트 코테크를 만나 바이올린 협주곡을 작곡하게 됩니다. 1악장은 폭발적이고 화려한 에너지가 가득한 곡입니다.

51-2
차이콥스키, 〈사계〉 중 10월
가을날의 우수와 쓸쓸함을 표현한 피아노 소품입니다. 조성진의 연주입니다.

51-3
차이콥스키 〈호두까기 인형〉 중 '꽃의 왈츠'
연말마다 공연되는 발레 〈호두까기 인형〉 중 가장 유명한 곡입니다. 사탕요정의 시녀 24명이 나와서 화려한 춤을 춥니다.

무소륵스키, 드보르자크, 그리그, 엘가

19세기 유럽 민족주의 음악의 대표 작곡가

18세기까지 유럽 음악의 중심지는 프랑스, 이탈리아, 독일이었습니다. 그러나 19세기에 들어서면서 민족주의가 크게 발달하며 자국의 민속 선율을 이용해 작곡하는 음악가들이 늘어났습니다. 독일의 낭만주의에서 벗어나려는 시도로 자국어를 사용하고 민요의 선율이나 리듬을 차용했습니다.

가장 먼저 민족주의 운동이 일어난 곳은 러시아입니다. 아라비안 나이트를 소재로 〈세헤라자드〉를 작곡한 림스키-코르사코프Nikolai Andreevich Rimskii-Korsako(1844~1908)나 친구의 전시회를 보고 영감을 얻어 〈전람회의 그림〉을 작곡한 무소륵스키Modest Petrovich Musorgskii(1839~1881)가 대표적인 작곡가입니다. 무소륵스키는 심각한 알콜 중독으로 고생했지만, 회복 후 혁명적인 음악을 만들어 내며, 독일 낭만주의와는 전혀 다른 음향을 제시했습니다. 유명한 화학자였던 보로딘Aleksandr Borodin(1833~1887)은 〈중앙 아시아의 초원에서〉라는 교향시를 작곡했는데, 러시아와 아시아 지역을 아우르는 멋진 초원의 풍광을 묘사했습니다.

현재의 체코 지역인 보헤미아는 두 명의 유명한 작곡가를 배출합니다. 스메타나와 드보르자크입니다. 스메타나Bedřich Smetana(1824~1884)의 아버지는 아마추어 바이올린 연주자였고, 아들의 음악교육에 열정적으로 임했습니다. 그는 어려서부터 음악적 재능이 뛰어나 6세에 피아노 독주회를 열었습니다. 대표작은 〈나의 조국〉으로 총 6곡으로 된 교향시입니다. 이 중에서 체코의 몰다우강을 묘사한 '몰다우'로 유명합니다. 서울에 한강이 있듯이 체코 사람들에게 몰다우강은 조국을 상징하는 강입니다. 그는 이 작품을 통해 조국에 대한 자부심을 표현했습니다.

드보르자크Antonín Dvořák(1841~1904)는 체코 프라하 근교에서 정육점을 운영하는 가난한 가정에서 태어났습니다. 그는 스메타나의 민족운동에 영향을 받아 슬라브 민요나 민속 춤곡을 이용한 〈슬라브 무곡〉을 작곡합니다. 쉰한 살에 뉴욕 음악원 원장으로 부임했는데, 이곳에서 그는 미국이라는 새로운 곳에 대한 감상을 묘사한 〈신세계 교향곡〉을 작곡합니다. 〈유모레스크〉는 미국에서 처음 기차를 타 본 후 신기한 기차의 움직임을 붙점 리듬으로 표현한 곡입니다.

북유럽에서 가장 유명한 작곡가는 노르웨이 출신의 그리그Edvard Hagerup Grieg(1843~1907)입니다. 당시 노르웨이는 덴마크의 문화에 큰 영향을 받고 있었습니다. 그는 노르웨이 민요 선율을 차용하여 〈피아노 협주곡〉을 작곡하여 노르웨이 민족주의를 고취시켰습니다. 또한 입센의 희곡에 음악을 붙인 〈페르귄트 모음곡〉에서는 노르웨이의 자연을 묘사하고 민속 선율을 사용해 작곡했습니다. 서정적인 피아노 소품도 많이 남겼으며, 현재까지 큰 사랑을 받는 작곡가 중 한 명입니다. 북유럽이 낳은 또 한 명의 유명 작곡가는 핀란드 출신 시벨리우스Jean Sibelius (1865~1957)입니다. 러시아의 지배하에 있던 핀란드가 1899년 자유를 보장하라는 큰 행사를 열면서 음악을 맡깁니다. 이때 연주한 음악이 〈핀란디아〉입니다.

영국은 바로크 작곡가 퍼셀 이후 그렇다 할 작곡가를 배출하지 못했습니다. 그러나 엘가Edward Elgar(1857~1934)가 영국의 자존심을 세워주었습니다. 그는 〈사랑의 인사〉, 〈첼로 협주곡〉, 〈위풍당당 행진곡〉 등을 작곡했습니다.

다양한 국가의 뛰어난 음악가들 덕에 유럽 음악은 더욱 다채로워졌습니다.

⏱ 52-1
스메타나, 〈나의 조국〉 중 2번 '몰다우'
체코에 흐르는 유명한 '몰다우강'을 묘사한 교향시입니다.

⏱ 52-2
엘가, 〈위풍당당 행진곡〉 1번
이 곡의 선율을 영국인들은 '희망과 영광의 나라'라고 부릅니다. 영국 제3의 국가로 여겨질 만큼 많은 사랑을 받는 곡입니다.

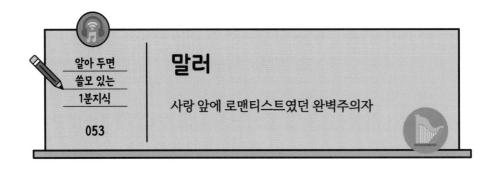

알아 두면
쓸모 있는
1분지식

053

말러

사랑 앞에 로맨티스트였던 완벽주의자

구스타프 말러Gustav Mahler(1860~1911)는 19세기 말 독일 후기 낭만주의를 대표하는 작곡가입니다. 바그너의 진보적인 성향을 이어받는 후기 낭만주의는 임시표를 많이 사용하는 반음계주의를 사용하고, 작품의 길이가 대체적으로 매우 긴 특징을 갖고 있습니다. 브루크너, 리하르트 슈트라우스도 후기 낭만주의의 대표적인 작곡가입니다.

지금의 체코인 보헤미아의 작은 마을에서 태어난 말러는 유대인 상인인 부모 밑에서 자랐습니다. 일찍부터 음악에 재능을 보여 열다섯 살에 오스트리아 빈 음악원에 입학합니다. 학생 때부터 바그너의 음악에 심취했다고 합니다.

말러는 유명 작곡가이기에 앞서 훌륭한 지휘자로 먼저 인정받았습니다. 깐깐하기로 유명했고 독재적이었으며 높은 연주 수준을 요구했지만 바그너, 베토벤, 모차르트 연주에 뛰어난 기량을 발휘했습니다. 서른일곱 살에는 빈 궁정 극장의 지휘자로 취임합니다. 평소에 지휘활동으로 매우 바빴기 때문에 여름 휴가 때 작곡을 했습니다. 그러나 그의 작품은 청중들에게 그다지 인기가 없었습니다.

말러는 교향곡 작곡에 매진했는데 자신이 원하는 소리를 내기 위한 다양한 악기를 사용했습니다. 알프스 산속을 표현하기 위해 소가 목에 다는 방울을 가져와 연주하고, 혹은 직접 종을 만드는 장인에게 찾아가 제작을 부탁하기도 했습니다. 그는 교향곡을 통해 '인생의 의미'에 대해 이야기하고 싶어했습니다.

구스타프 말러와 알마 말러

　마흔두 살까지 독신으로 살던 말러는 무려 19년 연하인 스물세 살의 알마와 사랑에 빠져 결혼해 두 딸을 낳았습니다. 알마는 말러와 결혼하기 전에 유명한 화가인 클림트의 연인이었으며 사교계와 예술가들 사이에서 유명한 여인이었습니다. 알마는 말러가 죽은 후 두 번이나 더 결혼합니다.

　2022년 칸 영화제에서 감독상을 받은 박찬욱 감독의 영화 〈헤어질 결심〉의 영화 음악으로 사용된 교향곡 5번 4악장은 대중적으로 널리 알려진 곡입니다. 말러는 당시 연인이던 알마에게 이 곡을 작곡해 편지와 함께 보내 주었다고 합니다. 완벽주의자에다 깐깐한 성격으로 유명한 말러에게도 사랑하는 여인 앞에서는 한없이 부드러워지는 로맨티스트의 면모가 있었던 것이지요.

⏱ 53-1
말러, 교향곡 5번, 4악장
명상적이며 평화로운 분위기의 이 곡은 말러가 연인 알마에게 선물한 곡으로도 유명합니다.

⏱ 53-2
말러, 〈대지의 노래〉 3번 '젊음에 대하여'
말러는 중국 이백의 시를 읽고 감명받아 교향곡을 작곡했습니다. 소개할 영상은 교향곡에 가곡을 혼합하여 만든 이 작품을 피아노 반주와 성악곡으로 편곡한 버전입니다.

드뷔시, 라벨

프랑스를 대표하는
두 명의 인상주의 작곡가

클로드 드뷔시Claude Achille Debussy(1862~1918)는 음악 분야에 인상주의라는 새로운 사조를 연 작곡가입니다. 당시 프랑스에는 인상주의 화가들이 활동을 했습니다. 모네, 마네, 르누와르, 고흐 등은 햇빛에 비추는 색채를 표현하는 데에 골몰했습니다.

드뷔시의 음악은 매우 묘사적이며 색채감이 살아 있습니다. 따라서 당시 평론가들은 그의 음악을 '인상주의 음악'이라고 불렀지만, 정작 드뷔시는 별로 좋아하지 않았다고 합니다. 인상주의 회화를 따라 하려는 의도가 전혀 없었기 때문입니다.

드뷔시는 기존의 화성학을 따르지 않았습니다. 자신이 만든 음계인 온음음계를 사용하여 인상주의 회화처럼 경계를 알 수 없는 모호한 느낌을 표현했습니다. 〈목신의 오후 전주곡〉 앞부분에 사용된 멜로디에 바로 온음음계가 사용되었지요. 드뷔시는 〈목신의 오후 전주곡〉 초연 이후 스타덤에 오릅니다. 마흔 살이 될 때까지 무명이던 음악가가 갑자기 프랑스를 대표하는 작곡가가 된 것입니다. 그는 형식적이고 장중한 독일 음악의 전통에서 벗어나 보다 가볍고 자유로운 표현을 추구했습니다.

또한 자연에 큰 애착을 보였으며 이는 피아노 소품 〈달빛〉, 교향시 〈바다〉에 잘 나타나 있습니다. 달빛이 은은하게 비추는 모습이나 파도가 일렁이는 바다의 모습이 눈앞에 펼쳐지듯 묘사를 했기 때문입니다.

드뷔시와 더불어 19세기 말~20세기 초 프랑스를 대표하는 작곡가는 모리스 라벨Maurice Joseph Ravel(1875~1937)입니다. 파리에서 자란 라벨은 음악 애호가인 아버지의 영향으로 음악에 재능을 보여 열네 살이라는 어린 나이에 파리 음악원에 입학합니다. 그러나 드뷔시처럼 전통적인 화성학을 따르지 않아 문제 학생으로 찍힙니다. 드뷔시를 존경한 라벨은 드뷔시와 함께 대표적인 인상주의 음악가로 불립니다. 그의 작품에는 묘사적이며 감각적인 곡이 많습니다.

또한 관현악법에 천부적인 재능이 있었습니다. 대표작 중 하나인 〈볼레로〉에서 악기가 하나씩 더해지며 긴장을 고조시키는데, 듣는 사람을 매우 흥분시킵니다. 스페인계 어머니를 둔 라벨은 평소 스페인 문화에 관심이 많았습니다. 볼레로는 원래 스페인 민속 무용 또는 춤곡을 뜻합니다. 〈볼레로〉는 러시아의 댄서인 아이다 루빈스타인의 부탁을 받아 무용 음악으로 만든 작품입니다. 처음에 작은 북과 비올라, 첼로가 조용히 등장하다가 한 개씩 악기들이 더해지며, 분위기가 고조됩니다. 뇌쇄적이고 이국적인 스페인의 분위기가 물씬 풍기는 명곡입니다.

또다른 작품 〈죽은 왕녀를 위한 파반느〉는 듣기 편안한 곡으로 대중에게 라벨이 널리 알려지는 계기가 된 작품입니다. 파반느는 16~17세기 유럽에서 유행한 춤곡입니다. 느리고 평화로운 선율이 아름답습니다. 라벨은 1915년 마흔 살에 1차 세계대전에 참전해 부상당하고 비슷한 시기에 사랑하는 어머니를 잃습니다. 깊은 우울증으로 힘들어하며 먹지도 자지도 못하고 고통스러운 시간을 보냈고, 몇 년간 작곡을 하지도 못했습니다. 드뷔시가 사망한 후 라벨은 프랑스의 대표적인 작곡가로 인정받았지만 말년에 병마와 싸우다 1937년 세상을 떠났습니다.

54-1
드뷔시, 〈달빛〉
드라마 〈사랑의 불시착〉에서 리정혁이 쳤던 피아노 소품으로 달빛을 묘사한 작품입니다.

54-2
라벨, 〈볼레로〉
볼레로는 캐스터네츠로 반주하는 스페인 춤곡입니다. 라벨은 이국적인 선율과 동일한 리듬을 반복해 사용하지만, 악기를 점점 덧붙여 긴장을 고조시킵니다.

사티, 라흐마니노프, 피아졸라, 리히터

듣기 좋고 쉬운 현대 음악은 없을까?

20세기 현대 음악은 기괴하고 난해해서 청중의 외면을 받았습니다. 그러나 20세기 이후에도 여전히 아름다운 음악을 작곡하는 음악가들이 있었지요. 그중 네 명의 작곡가와 그들의 음악을 소개할게요.

첫 번째 작곡가는 에릭 사티Erik Satie(1866~1925)입니다. 프랑스 노르망디의 바닷가 도시 옹플뢰르 출신인 사티는 열세 살에 파리에 올라와 음악원에 입학했으나 제도권 교육에 적응하지 못하고 중퇴합니다. 그는 늘 고향인 옹플뢰르를 그리워하며 살았습니다.

사티는 생계를 위해 몽마르트 언덕의 카페에서 피아니스트로 일했습니다. 그곳에서 작곡가 드뷔시나 작가 장 콕토 같은 당대 최고의 예술가들과 교류했습니다. 그는 라벨의 지지를 받았으며, 장 콕토에게 깊은 존경을 받던 음악가였습니다. 후대에 인정받는 작곡가가 됐지만 평생 가난에서 벗어나지 못했습니다. 파리 교외의 빈민가에서 살았던 그는 평생 열두 벌의 갈색 벨벳 양복와 열두 개의 모자만 사용했던 것으로 유명합니다.

사티의 음악은 뉴에이지 풍의 피아노 곡을 연상시킵니다. 스스로 자신은 작곡가라기보다 음을 받아 적는 사람이라고 말했습니다. 사티는 음을 많이 사용하지 않고 아름답고 투명한 음악을 많이 만들었습니다. 방송에도 자주 나오는 〈짐노페디 1번〉이 잘 알려져 있습니다. 당대의 평론가들은 사티를 혹평했지만 20세기 후반에 사티

에릭 사티   세르게이 라흐마니노프

의 음악은 대중의 큰 사랑을 받게 됩니다. 그는 자신의 운명을 예견하듯 자화상 아래에 "너무 낡은 시대에 너무 젊게 왔다"라는 글귀를 남겼습니다.

두 번째로 소개할 작곡가는 세르게이 라흐마니노프Sergei Rakhmaninov(1873~1943)입니다. 러시아 출신 작곡가 겸 피아니스트로 차이콥스키를 계승한 작곡가로 유명합니다. 그의 음악은 독일 낭만주의를 이어받은 차이콥스키의 영향을 크게 받은 것으로 보입니다.

1917년 러시아 혁명이 일어나자 라흐마니노프는 재산과 생계 수단을 모두 잃게 됩니다. 그는 가족을 데리고 미국 뉴욕으로 망명해 1943년까지 피아니스트로 활동하며 가족을 부양합니다. 미국에 온 후에는 피아니스트로 연주하며 생활비를 벌어야 했기 때문에 예전만큼 작곡할 수가 없었습니다. 그는 유독 큰 손이 트레이드마크였습니다. 그의 피아노 작품은 음역이 넓고 손가락의 이동이 많습니다. 본인처럼 손이 큰 피아니스트들이 치기에 유리합니다.

그는 젊은 시절 〈교향곡 1번〉이 평단의 혹평을 받자 심한 우울증에 걸렸습니다. 몇 년간 작곡도 할 수 없었습니다. 정신과 의사인 달 박사는 최면요법을 사용하여 그를 치료합니다. 달 박사는 라흐마니노프의 귓가에 계속 "당신은 새로운 협주곡을 쓸

반도네온을 연주하고 있는 피아졸라

니다. 그 협주곡은 성공을 거둡니다."라고 반복해서 말해 주었습니다. 마침내 라흐마니노프는 우울증을 극복하고 다시 작곡을 시작합니다. 이때 발표한 작품이 바로 〈피아노 협주곡 2번〉입니다. 종소리를 연상시키는 피아노 소리로 시작하는 이 곡은 마치 드넓은 러시아 대지가 눈앞에 펼쳐지는 듯한 느낌을 줍니다. 이 작품으로 그는 큰 성공을 거두게 됩니다.

세 번째로 소개할 작곡가는 아스토르 피아졸라Ástor Piazzolla(1921~1992)입니다. 아르헨티나의 작곡가로 탱고 음악을 예술의 경지로 끌어올렸다는 평가를 받습니다. 아버지는 이발사였고 어머니는 재봉사였습니다. 피아졸라는 유년기에 뉴욕에서 거주하며 재즈와 클래식을 많이 접했습니다.

1937년, 미국에 전운이 감돌자 피아졸라 가족은 아르헨티나로 돌아왔습니다. 1950년대 파리에서 유명한 음악 교육자 나디아 블랑제에게 음악을 배웠습니다. 탱고 음악을 연주하는 것을 보고 나디아 블랑제는 클래식이 아닌 탱고를 작곡할 것을 제안했습니다.

그리하여 그는 1960년에 5중주단을 결성하고 새로운 탱고 스타일을 선보이며 전 세계 사람들에게 큰 사랑을 받았습니다. 1974년 유럽으로 건너가 10년간 파리, 비엔나, 암스테르담에서 공연하고, 뉴욕, 도쿄에서도 자신의 작품을 널리 알렸습니다. 광고음악으로 많이 쓰이는 〈리베르 탱고〉, 김연아 선수가 2013~2014 시즌 프리 경기 배경음악으로 사용한 〈아디오스 노니노〉, 사계절의 풍광을 묘사한 〈사계〉 등이 대표작입니다.

마지막으로 소개할 막스 리히터는 1966년에 출생한 독일 작곡가입니다. 그는 테

피아졸라 5중주단

크노 음악을 비롯한 대중음악과 클래식을 아우르는 작곡활동을 했습니다. 2013년 유명한 바이올리니스트 힐러리 한은 리히터에게 연주회 때 앙코르용으로 연주할 곡을 의뢰합니다. 이에 리히터는 〈자비〉라는 곡을 작곡하는데 현대인의 우울과 슬픔을 위로해 주는 곡입니다.

ⓥ 55-1
사티, 〈짐노페디 1번〉
사티의 친구이자 연인으로 추정되는 라투르의 시 〈오래된 것들〉에 영감을 얻어 작곡했습니다. 독서할 때 듣기 좋은 차분한 음악입니다.

ⓥ 55-2
피아졸라, 〈리베르탱고〉
방송에 자주 나오는 음악으로 탱고 음악의 진수를 보여줍니다.

ⓥ 55-3
리히터, 〈자비〉
현대인의 우울과 슬픔을 잘 표현한 멜로디와 영상이 인상적인 뮤직비디오입니다.

윤이상, 김순남, 진은숙, 김택수

세계에서 인정받는
한국의 현대 음악 작곡가들

대중에게 잘 알려지지 않았을 뿐 한국에도 전 세계에서 인정받는 클래식 음악 작곡가들이 있습니다.

가장 먼저 소개할 작곡가는 세계적으로 주목받은 최초의 한국 작곡가 윤이상 (1917~1995)입니다. 일제 강점기에 경남 통영에서 자란 윤이상은 집안의 반대에도 불구하고 오사카 음악학교에 진학합니다. 졸업 후 귀국해 통영과 부산에서 학교 음악 선생님으로 일하며 작곡을 계속합니다.

1956년 윤이상은 유학을 떠나 파리 국립 고등음악원과 베를린 음대에서 작곡을 공부합니다. 당시 독일 다름슈타트에서는 매년 현대 음악 축제가 열려 세계의 작곡가들이 모여 작품을 발표하고 의견을 나눴습니다. 윤이상은 졸업 작품 〈피아노를 위한 다섯 개의 소품〉을 발표해 평단의 큰 호응을 얻었습니다.

1967년 한국 중앙정보부가 서유럽에 거주하는 한국 교민과 유학생 194명이 간첩 활동을 했다고 발표했습니다. 박정희 정권이 3선 개헌을 해 권력을 연장하려는 움직임에 많은 시민이 반대하자 정부는 비판을 외부로 돌리려는 음모를 꾀합니다. 서유럽 교민들을 상대로 간첩 누명을 씌워 납치, 투옥하는 '동백림(동베를린의 한자음) 사건'을 일으킨 것입니다. 독일에 거주하던 윤이상도 간첩으로 몰려 투옥되었습니다. 스트라빈스키, 카라얀 등 세계적인 음악가들이 구명 운동을 벌여 2년 만에 풀려났지만 한국에서 추방되어 평생 고향에 돌아가지 못했습니다.

그는 유럽의 현대 음악에 실망했습니다. 마치 기발한 아이디어의 각축장이 되어버린 듯한 유럽 작곡계와 거리를 두었습니다. 대신 국악의 연주 기법을 서양 악기에 접목했습니다. 1966년 독일 현대음악제에서 발표한 관현악곡 〈예악禮樂〉이 대표적인 작품입니다. 독일 뮌헨 올림픽 개막 문화 행사에서는 오페라 〈심청〉을 발표하여 세계적인 호응을 얻었습니다. 그는 평생 남북통일에 관심을 갖고 남북한 음악가들의 교류에 힘썼습니다.

자신의 연주회 포스터 앞에 서 있는 윤이상

두 번째로 소개할 작곡가는 윤이상과 동갑내기인 김순남(1917~1983)입니다. 그는 도쿄에서 음악 공부를 했으며 조선 남로당 당원이었습니다. 1947년 이후 남한에서 공산당 활동이 불법이 되자 월북했습니다. 그의 작품으로 김소월의 시에 곡을 붙인 〈산유화〉, 남한에 두고 온 딸을 그리워하며 만든 〈자장가〉가 유명합니다. 북한에서 남로당 세력이 숙청당하자 그도 함경남도 조선소에서 노동자로 일하게 되었습니다. 다행히 1964년 복권되어 작품활동을 계속했지만 결핵에 걸려 1983년경 사망했습니다. 그의 딸은 라디오 진행자로 유명한 성우 김세원으로, 영화 〈친절한 금자씨〉의 내레이터로도 활약했습니다. 그녀는 아버지의 일생을 조사해 『나의 아버지 김순남』이라는 책을 펴내기도 했지요.

세 번째로 소개할 작곡가는 진은숙(1961~)입니다. 그녀는 윤이상 이후 세계가 주목한 한국 작곡가로 전 세계 오케스트라들이 함께 작업하기를 원하는 정상급 작곡가입니다. 목사인 아버지의 영향으로 어렸을 때부터 음악을 좋아했다고 합니다. 집안

통영 출신 작곡가 윤이상을 기리기 위해 2002년부터 해마다 통영국제음악당에서 통영국제음악제가 열린다.

형편이 어려워서 차이콥스키 〈교향곡 6번〉 악보를 선생님에게 빌려 수백 장을 베끼며 공부했고, 독일로 유학을 떠나 유명 작곡가 리게티의 제자가 되었습니다.

그녀의 작품은 현대 음악임에도 듣기 어렵거나 괴롭지 않습니다. 2002년에 작곡한 〈바이올린 협주곡〉으로 음악계의 노벨상이라 불리는 '그라베마이어상'을 수상했습니다. 당시 음악계에서는 "새로운 세기를 여는 첫 걸작"이라는 찬사를 보내기도 했지요. 2006년부터 2018년까지 서울시립교향악단에서 상임작곡가 겸 공연기획자문으로 활동했습니다. 이때 세계 각지에서 연주되는 유명한 현대 음악 작품을 국내에 소개하고 한국의 젊은 작곡가를 발굴하여 외국에 소개하는 역할을 했습니다. 그녀의 활동 덕분에 한국의 젊은 작곡가들의 작품이 외국에 알려지기 시작했습니다. 2017년에는 국제적으로 인정받은 작곡가에게 수여하는 핀란드의 '비후리 시벨리우스 음악상Wihuri Sibelius Prize'을 아시아인 최초로 수상했습니다. 이는 운동선수로 치면 올림픽 금메달에 맞먹는 상으로 작곡가에게는 가장 영예로운 상입니다.

마지막으로 소개할 작곡가는 미국에서 활발히 활동하고 있는 김택수(1980~)입니다. 그는 과학고에 진학해 고3 때 국제화학올림피아드에서 은메달을 땄고, 서울대 화학과에 진학합니다. 촉망받는 화학도였던 김택수는 음악가가 되기로 마음먹고 서울대 작곡과에 편입해 대학원을 마친 후 미국에서 음악 박사 학위를 땄습니다. 현재에는 미국 샌디에이고 주립대학교 교수로 일하면서 국립 심포니 상임 작곡가로 활동하고 있습니다. 한국의 유명 음악가인 조수미와 손열음의 음반에서 편집 작업도 했습니다.

김택수의 작품은 한국인의 정서가 반영된 재미있는 아이디어와 유머로 가득합니다. '찹쌀떡~ 메밀묵'이라는 가사가 재미있는 합창곡 〈찹쌀떡〉과 동요, 국민체조 음악을 인용한 오케스트라 작품 〈국민학교 환상곡〉, 바이올린 두 대를 위한 연주곡 〈빨리 빨리pali pali〉가 대표적인 작품입니다.

🕐 56-1
윤이상, 〈예악〉
조선 전통의 궁중음악인 종묘 제례악을 서양 오케스트라로 표현한 작품입니다.

🕐 56-2
진은숙, 오페라 〈이상한 나라의 앨리스〉
이상한 나라의 앨리스를 원작으로 만든 오페라입니다.

🕐 56-3
김택수, 〈국민학교 환상곡〉
〈무궁화 꽃이 피었습니다〉, 〈못찾겠다 꾀꼬리〉 등 초등학교 어린이들의 놀이 동요를 사용하여 만든 오케스트라 작품입니다.

왜 유명한 여성 클래식 작곡가는 없을까?
_역사 속에 묻힌 여성 음악가들

4장에서는 클래식 음악사에 이름을 남긴 작곡가들을 살펴보았습니다. 그런데 왜 여성 음악가는 한 명도 없을까요? 여성의 음악적 능력이 남성보다 떨어졌던 것일까요?

역사에서 여성 음악가를 많이 찾아볼 수 없는 이유는 19세기, 불과 100여 년 전만 해도 여성은 전문 음악가가 될 수 없었기 때문입니다. 여성이 취미로 피아노를 연주하는 것은 훌륭한 교양으로 여겨졌지만 전문 작곡가나 연주자가 되는 것은 허용되지 않았습니다. 20세기 초반까지 여성은 밖에서 자유롭게 활동하기 어려웠고, 집에서 육아와 살림을 책임져야 했습니다. 동서양을 막론하고 여성은 이러한 한계와 굴레 속에서 지내야 했습니다.

그럼에도 불구하고 음악적 능력을 뽐낸 여성 음악가들이 있습니다. 먼저 살펴볼 사람은 멘델스존의 누나 파니 멘델스존Fanny Mendelssohn(1805~1847)입니다. 파니는 멘델스존 못지않게 어려서부터 피아노와 작곡에 뛰어난 재능을 보였습니다. 멘델스존과는 소울메이트처럼 우애가 깊은 남매지간이었지요.

멘델스존의 아버지는 멘델스존의 음악 공부에는 지원을 아끼지 않았지만, 파니가 작곡가가 되는 것은 반대했습니다. 심지어 그렇게 사이가 좋았던 멘델스존조차 누나가 전문 음악가가 되는 것은 반대했다고 합니다.

파니는 베를린 궁정 화가인 헨젤과 결혼하여 아들을 낳고 가정을 돌보았습니다.

파니 멘델스존

그러나 작곡과 연주를 멈추지 않았습니다. 멘델스존 가에서는 일요일마다 음악회를 열었는데 어머니가 돌아가신 후 파니가 일요 음악회를 도맡아 이끌었습니다. 파니는 음악회에서 자주 피아노를 연주하고 합창단을 지휘했습니다. 파니가 마흔한 살이 되었을 때 평소처럼 멘델스존이 작곡한 칸타타를 합창단과 연습하던 도중 갑자기 쓰러져 결국 사망하고 맙니다. 그녀가 죽자 멘델스존은 마치 한쪽 날개가 꺾인 새처럼 슬퍼하다가 몇 달 후 세상을 떠납니다.

파니는 아버지의 반대로 자신의 작품을 출판할 수 없었습니다. 그래서 동생인 멘델스존의 이름을 빌려 가곡들을 출판했습니다. 이러한 예는 문학에서도 찾아볼 수 있습니다. 『오만과 편견』의 작가 제인 오스틴이 남자 이름을 필명을 썼다는 것은 유명한 이야기입니다. 파니는 대략 400여 곡이 넘는 방대한 작품을 남겼습니다. 최근 새롭게 파니 멘델스존의 음악이 주목받으며 일부 작품이 출판 및 녹음되었지만, 동생에 비하면 겨우 걸음마를 뗀 수준의 연구만 진행되었습니다.

클라라 슈만

슈만의 아내 클라라 슈만Clara Schumann (1819~1896) 역시 19세기 음악사에서 중요한 여성 음악가입니다. 파니 멘델스존보다 열네 살 어린 클라라는 19세기 말까지 살며 여성 음악가들에 대한 시선이 조금씩 긍정적으로 변화하던 시기에 활동했습니다.

아버지가 유명한 피아노 교사였던 클라라 슈만은 이미 10대에 유럽에서 손꼽히는 피아니스트로 활동했습니다. 무명이었던 남편 슈만의 작품을 무대에서 많이 연주해서, 슈만을 사람들에게 알리는 데 크게 이바지했지요. 그러나 정신질환으로 슈만이 죽은 후, 클라라 슈만은 어린 자식 8명을 부양해야 했습니다. 그녀는 평생 연주, 레슨, 작곡을 하며 바쁘게 살았다고 합니다.

한국에도 역사 속에 묻힌 여성 음악가가 있습니다. 19세기까지 남성의 전유물이었던 판소리를 뛰어난 기량으로 불러 '국창'으로까지 불린 최초의 여류 명창 판소리꾼 진채선(1842~?)입니다.

그녀는 1842년 전북 고창에서 무속인의 딸로 태어났습니다. 어려서부터 소리를 잘한 진채선은 17살에 신재효에게 발탁되어 그가 운영하는 소리 학교에서 판소리를 배웠습니다. 신재효는 산재해 있던 광대소리를 집대성해서 현재까지 전해지는 〈춘향가〉, 〈심청가〉 등 판소리 여섯 바탕을 만든 사람입니다.

당시 판소리는 남자 소리꾼들만 불렀습니다. 그러나 진채선은 뛰어난 재능으로 최초의 여류 명창이 되었습니다. 고종 때 경회루 연회에 초대되어 연주를 하였는데 고종의 아버지인 홍선대원군의 눈에 든 진채선은 고향에 돌아가지 못하고 그의 첩실이 되었습니다.

명창 판소리꾼 진채선

신재효는 한양에서 돌아오지 않는 제자 진채선을 그리워하며 〈도리화가〉라는 노래를 지었습니다. 신재효가 크게 아프다는 소식을 듣고 진채선은 홍선대원군이 살던 운현궁을 빠져나와 고창으로 돌아갑니다. 신재효가 죽은 후, 진채선은 홍선대원군에 돌아가지 않았으며 이후 그녀의 행방은 알려지지 않습니다. 그녀의 말년이 어떠했으며, 언제 죽었는지 현재 전해지고 있지 않습니다.

✅ 인터미션 7-1
파니 멘델스존, 〈녹턴 G단조〉
어둡고 멜랑콜리한 피아노 소품으로, 낭만주의 스타일을 잘 보여줍니다.

✅ 인터미션 7-2
클라라 슈만, 〈피아노 트리오〉 Op. 17
남편인 슈만의 첫 번째 〈피아노 트리오〉에 큰 영향을 받은 작품입니다. 당시 슈만의 정신질환은 심각해졌고, 클라라는 유산을 해서 힘든 시기를 보내고 있었지요.

✅ 인터미션 7-3
진채선에 관한 짧은 다큐 영상
목포 MBC에서 제작한 〈여자의 소리는 작다는 편견을 깬 소리꾼 진채선〉이라는 다큐 영상입니다.

한국의 음악가들은 왜 콩쿠르에 강할까?
_국제 콩쿠르

얼마 전 만 열여덟 살의 피아니스트 임윤찬이 세계적 피아노 경연 대회인 밴 클라이번 콩쿠르에서 우승해 대서특필된 일이 있었습니다. 그는 밴 클라이번 콩쿠르의 역대 최연소 우승자이자 한국에서 자라고 한국에서 공부한 순수 국내파 연주자입니다.

한국 출신 연주자들이 국제 콩쿠르를 휩쓸며 두각을 나타내는 것은 어제 오늘의 일은 아닙니다. 최근 한국 출신 연주자들이 국제 콩쿠르에서 놀라운 성적을 거두자 서양 언론에서는 한국의 클래식 영재 교육에 대한 특집 기사를 보도하고, K-팝을 본따 K-클래식이라는 말을 만들기도 했습니다.

벨기에 공영방송 RTBF 음악감독인 티에리 로로는 한국 연주자들이 콩쿠르에서 연달아 우승하는 이유를 탐색하는 〈K-클래식 제너레이션〉이라는 다큐멘터리를 만들어 2022년에 개봉했습니다. 로로는 2014년부터 국제 콩쿠르에서 한국인 수상자들이 쏟아져 나온 이유를 분석했습니다. 로로는 예전에 한국 클래식 연주자들이 테크닉의 완성에만 집중했다면 새로운 세대의 연주자들은 더 자유롭게 자신을 표현하기 시작했다고 보았습니다. 또 쇼팽 콩쿠르에서 우승한 조성진 등이 후배들의 롤 모델이 되었고, 한국예술종합학교에서 운영하는 영재 교육원처럼 어릴 때부터 국가 지원하에 집중적으로 음악 교육을 받을 수 있는 환경도 성공 요인으로 꼽았습니다.

밴 클라이번 콩쿠르에서 연주하고 있는 피아니스트 임윤찬

　서양 클래식이 한국에 들어온 지 100여 년밖에 되지 않았으므로 한국 사람이 서양의 오랜 역사와 문화가 담긴 클래식 연주에 두각을 나타낸다는 것은 쉬운 일이 아닙니다. 마치 서양 사람이 판소리 대회에 나가 우승하는 것과 크게 다르지 않습니다. 그럼에도 불구하고 인종 차별적 편견과 열악한 환경을 극복하고 뛰어난 실력으로 심사위원을 사로잡은 한국의 많은 연주자들이 참으로 대단합니다.

　그런데 왜 연주자들은 국제 콩쿠르에 나갈까요? 예전에는 중요한 국제 콩쿠르에서 우승하면 직업 음악가로서 편안한 삶이 보장되고 많은 연주 기회가 주어졌습니다. 그러나 현재 국제음악콩쿠르 세계연맹이 인정하는 콩쿠르는 113개에 이릅니다. 국제 콩쿠르에 우승한다고 해서 바로 프로 무대에 성공적으로 진입한다는 보장도 없습니다. 좁은 클래식 시장에 뛰어난 연주자가 넘쳐나기 때문입니다.

　그럼에도 불구하고 많은 연주자들이 콩쿠르에 도전하는 것은 콩쿠르에 입상하면 어쨌든 무대에 설 기회가 주어지고 중요한 경력으로 인정받기 때문입니다. 전문 연주자로서 여전히 국제 콩쿠르는 중요한 관문입니다. 입상 후, 연주자들은 세계 각국을 돌아다니며 연주활동을 펼치게 됩니다.

국제 콩쿠르에 지원하는 순서는 다음과 같습니다. 일단 서류 심사 단계에서 자신의 연주 동영상을 주최측에 보냅니다. 서류 심사를 통과해야 콩쿠르에 출전할 수 있습니다. 보통 국제 콩쿠르는 1차, 2차, 3차 경합을 거치고 마지막 라운드에 오른 연주자들은 오케스트라와 협연하여 우승자를 가립니다.

국제 콩쿠르에서 연주자 한 명이 연주하는 곡의 분량은 엄청납니다. 연주자는 보통 독주회를 두 번 정도 할 수 있는 양의 곡을 연습해야 합니다. 독주회 1회가 보통 한 시간 반 정도 걸리니 서너 시간 정도 분량의 곡을 암보로 완벽하게 연주해야 하는 것입니다. 또 오케스트라와 연주할 협주곡도 준비해야 합니다.

음악은 스포츠와 달라서 점수를 내거나 기술을 비교하는 데 심사위원의 주관이 크게 작용할 수밖에 없습니다. 쇼팽 콩쿠르에서 우승한 조성진에게 한 심사위원이 10점 만점에 1점을 주었다는 것은 유명한 일화입니다.

같은 콩쿠르를 우승한 사람이 2등 한 사람보다 반드시 뛰어난 음악가로 성장한다는 보장도 없습니다. 잠깐 유명해졌다가 사라지는 연주자들도 많습니다. 개성이 강한 연주자들은 심사위원의 호불호가 갈려 콩쿠르에서 탈락하기도 합니다. 피아니스트 이보 포고렐리치는 쇼팽 콩쿠르에서 3차 예선까지 붙은 후 본선에서 탈락했는데, 이에 격분한 심사위원 마르타 아르헤리치가 심사 결과에 항의하며 심사위원직을 사퇴한 일도 있습니다.

이렇듯 콩쿠르 경력이 아티스트의 가치를 매기는 절대적 기준이 될 수는 없습니다. 그러나 올림픽에서 뛰어난 선수들이 금메달을 두고 경쟁하듯 음악계에서도 메이저급 국제 콩쿠르(쇼팽 콩쿠르, 차이콥스키 콩쿠르, 퀸 엘리자베스 콩쿠르 등)에서 우승한 연주자들이 크게 주목받을 수밖에 없습니다.

쇼팽 국제 피아노 콩쿠르 현장

　콩쿠르에 관한 재미있는 소설『꿀벌과 천둥』을 추천합니다. 일본 하마마쓰 국제 콩쿠르를 7년이나 취재하고 쓴 소설로 아티스트들이 어떻게 콩쿠르를 준비하고 실전에 임하는지 자세히 나와 있습니다. 서로 다른 개성을 가진 주인공들의 모습을 살펴보는 것도 재미있습니다. 사람들은 음악가의 삶에 대해 환상을 갖고있는 듯합니다. 사실 음악가들의 생활은 매우 단순합니다. 연습, 연습, 연습으로 채워져 있으니까요. 그러나 그들은 어릴 때부터 매일 긴 시간을 연습하고 음악에 대해 고민합니다. 그리고 마인드 컨트롤을 잘 해서 실전에서 연습 때의 기량을 충분히 보여주고 오는 일도 중요합니다. 특히 피아니스트는 매우 외로운 직업입니다. 늘 혼자 연습하고, 무대에도 혼자 오르는 경우가 많습니다. 그래서 내성적이고 많은 사람들과 교류하는 것을 부담스러워하는 피아니스트들이 많습니다.

5장

클래식 뒷이야기

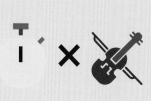

종교개혁

16세기의 종교개혁은
음악에 어떤 영향을 미쳤을까?

1517년 독일의 가톨릭 신부 마르틴 루터는 성베드로 성당 건축에 필요한 돈을 모으기 위해 교회가 면죄부를 판매하는 것을 비판했습니다. 그가 비텐베르크 교회 정문에 교회의 비리에 대한 95개조 반박문을 붙이면서 종교개혁이 본격적으로 시작됩니다. 그 결과 서양의 기독교는 개신교인 프로테스탄트protestant(저항하는 자들이라는 뜻)와 기존의 가톨릭으로 나뉘게 되었습니다.

루터는 평소 음악에 조예가 깊어 작곡도 하고 성악, 플루트, 류트 연주도 잘했습니다. 그는 일반 신도들이 음악을 통해 신앙심을 고취할 수 있다고 생각했습니다. 루터파 교회에서 음악은 중요한 역할을 차지했습니다.

프로테스탄트의 음악 중 가장 중요한 것은 '코랄choral'입니다. 코랄은 찬송가를 뜻합니다. 루터는 신도들이 쉽게 따라 부르도록 간단한 단선율에 독일어 가사를 붙여 찬송가를 만들었습니다. 기존에 있던 유명한 가톨릭 성가나 민요, 세속 노래의 선율에 가사만 바꿔 찬송가를 만들기도 했습니다. 신도들은 멜로디에 익숙했기 때문에 찬송가를 쉽게 따라 부를 수 있었습니다.

코랄 선율은 합창곡이나 오르간 곡의 주제로도 사용되었습니다. 루터파 교회의 독실한 신자였던 바흐는 코랄을 모티브로 사용해 수많은 오르간 작품을 작곡했습니다. 바흐의 코랄을 들으면 깊은 평화로움을 느낄 수 있습니다.

종교개혁이 일어나자 로마 가톨릭교회에서 트렌트 공의회를 열어 가톨릭교회의

구스타프 스팽엔베르그, 〈가족에게 둘러싸여 류트를 연주하는 루터〉, 1875년경

폐단에 대해 반성했습니다. 사제들은 다성 음악이 너무 복잡해서 가사가 잘 들리지 않는다고 지적하고 그레고리오 성가처럼 단선율로만 노래할 것을 주장했습니다. 그러자 이탈리아 작곡가 팔레스트리나Giovanni Pierluigi da Palestrina(1525년경~1594)가 다성 음악도 가사가 잘 들리도록 만들 수 있다고 하면서 새로운 합창곡을 들려주었습니다. 그는 당시 유행하던 반음계를 사용하지 않고 부드럽고 투명한 음향의 합창곡을 만들었습니다. 선율은 순차적으로 진행했으며 모방기법을 사용했지만 가사가 잘 들렸습니다. 팔레스트리나의 미사곡이나 모테트는 지금도 가톨릭교회에서 널리 불리고 있습니다.

57-1
루터 코랄 〈내 주는 강한 성이요〉

57-2
팔레스트리나, 〈교황 마르첼로 미사〉

마태 수난곡

역주행의 원조가 바흐라고?

바흐는 성실하고 훌륭한 음악가였지만 죽은 다음에는 사람들에게 곧 잊혔습니다. 바흐 사후 시작된 고전주의 시대의 새로운 청중들은 기존의 복잡한 다성음악을 싫어하고 듣기 편하고 쉬운 음악을 선호했기 때문입니다. 그랬던 바흐가 오늘날 어떻게 '음악의 아버지'로 존경받게 되었을까요?

바흐가 죽은 지 80년이 지난 1829년 베를린에서 스무 살 청년 멘델스존은 바흐의 걸작 〈마태 수난곡〉을 연주합니다. 〈마태 수난곡〉은 신약 성경에 나오는 마태복음 중 예수의 수난과 죽음에 관한 노래극으로 주로 사순절에 연주합니다. 칸타타나 오라토리오처럼 가수가 무대의상을 입거나 연기를 하지는 않습니다.

어느날 멘델스존이 정육점에서 사 온 고기를 집에서 열어 보니 포장한 종이가 바흐의 〈마태 수난곡〉 악보였다는 일화가 있습니다. 매우 극적인 에피소드지만 이 이야기는 사실이 아닙니다. 후대 사람들이 감동적인 일화를 만들기 위해 지어낸 이야기지요.

〈마태 수난곡〉은 연주 시간만 3시간가량 되는 대작이어서 멘델스존은 이 곡을 공부하고 연습하는 데 만 2년이라는 시간을 쏟아부었습니다. 〈마태 수난곡〉의 공연은 크게 성공했고, 그 후부터 바흐의 음악은 주목받게 되었습니다. 요즘말로 하면 그야말로 '역주행'에 성공한 것입니다.

바흐의 역주행에 기여한 또 한 명의 음악가가 있습니다. 바로 첼리스트 파블로

바흐의 자필 악보 〈마태 수난곡〉 표지

카잘스Pablo Casals입니다. 카잘스는 열세 살 때 자신이 사는 스페인 바르셀로나의 악기점에서 오래된 악보를 발견합니다. 바로 바흐의 〈무반주 첼로 모음곡〉이었습니다. 보통 첼로 곡은 피아노 반주를 동반하지만 이 작품은 첼로가 오롯이 혼자 연주해야 하는 곡입니다. 당시 각국에서 유행하던 춤곡을 모아서 만든 모음곡입니다.

카잘스는 악보를 소중히 집에 가져와 자그마치 12년간 혼자 이 곡을 연구하고 연습합니다. 그는 마흔여덟 살에 처음으로 〈무반주 첼로 모음곡〉을 음반으로 남겼고 아흔여섯 살에 세상을 떠날 때까지 매일 이 작품을 연습했다고 합니다. 멘델스존과 카잘스의 노력이 없었다면 바흐는 그저 동네 음악가로 여겨지다 음악사에서 잊혔을지도 모릅니다.

◉ 58-1
바흐, 〈마태 수난곡〉 BWV 244 중 '불쌍히 여기소서'
베드로가 예수를 세 번이나 부인한 후 닭이 울자 후회하며 부르는 아리아입니다. 카운트 테너가 베드로의 슬픔을 노래합니다.

◉ 58-2
바흐, 〈무반주 첼로 모음곡 1번〉 BWV 1007 중 '미뉴에트'
미뉴에트는 프랑스에서 시작되어 17~18세기 유럽에서 크게 유행한 춤곡입니다. 3/4박자의 우아하고 가벼운 느낌의 곡이지요.

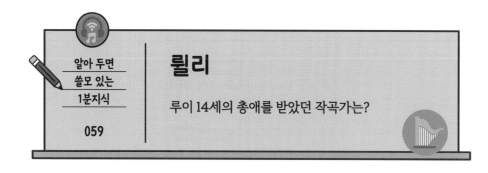

릴리

루이 14세의 총애를 받았던 작곡가는?

프랑스의 루이 14세는 발레를 아주 좋아했습니다. 다섯 살에 왕이 된 루이 14세는 너무 어려 어머니가 섭정을 했습니다. 정치에 참여할 수 없던 루이 14세는 춤과 음악에 열중했습니다. 루이 14세가 태양왕이라고 불린 이유도 태양의 신 아폴론으로 분장하고 무대에서 직접 발레 공연을 했기 때문입니다. 당시 발레의 모습이 어땠는지는 2001년의 영화 〈왕의 춤〉을 보면 잘 알 수 있습니다.

발레는 프랑스에서 시작된 예술입니다. 발레의 전통이 강한 프랑스는 이탈리아에서 건너온 새로운 장르인 오페라에 큰 매력을 느끼지 못했습니다. 게다가 프랑스어로 긴 노래극을 만들기가 쉽지 않았습니다. 발음이 정확하고 모음으로 끝나는 음절이 많아 부드럽게 이어지는 이탈리아어에 비해 프랑스어는 콧소리가 많고 음절이 끊기는 특성이 있기 때문입니다.

이때 발레와 오페라를 접목한 작곡가가 있었으니 바로 장 바티스트 릴리Jean Baptiste Lully(1632~1687)입니다. 릴리는 이탈리아에서 태어나 프랑스로 건너간 음악가입니다. 그는 루이 14세 궁정의 음악가이자 발레 무용수였습니다. 루이 14세는 릴리의 음악을 사랑했고 평생 그를 후원했습니다.

릴리는 최초로 지휘봉을 사용한 사람입니다. 물론 지금과 같은 짧은 막대기 형태는 아니었고, 매우 긴 쇠막대기로 바닥을 쿵쿵 내리치며 박자를 맞추는 식이었습니다. 그런데 이 지휘봉이 결국에는 릴리의 목숨을 앗아갑니다. 루이 14세의 회복을 기

영화 〈왕의 춤〉에 등장하는 아폴론으로 분장한 루이 14세

원하는 곡 〈테 데움〉을 지휘하던 중 그만 자신의 발등을 지휘봉으로 찍고 만 것이지요. 이로 인해 생긴 상처에 괴저가 생겼지만 무용수이기도 했던 륄리는 발 절단 수술을 거부했고 결국 패혈증으로 사망했습니다.

　륄리는 루이 14세의 후원 아래 프랑스 발레와 바로크 음악의 기틀을 세우는 데 평생을 바쳤습니다. 왕의 후원을 등에 업고 권력을 지나치게 휘둘러 비판을 받았던 륄리지만 그가 이룬 업적은 프랑스 바로크 시대에 큰 영향을 끼쳤습니다. 그의 음악은 리듬이 빠르고 생동감이 넘칩니다. 또한 슬픈 선율은 감정을 풍부하게 표현합니다. 륄리는 이탈리아 양식에서 벗어나 프랑스 고유의 오페라 양식을 만들었고, 수많은 발레곡을 남겼습니다.

🕑 59-1

륄리, 〈밤의 발레〉
영화 〈왕의 춤〉의 영상입니다. 루이 14세가 륄리의 대표작 〈밤의 발레〉에 맞춰 춤을 춥니다.

🕑 59-2

륄리, 〈터키 의전을 위한 행진곡〉
터키 군대 행진곡에 영감을 받아 작곡한 작품입니다. 프랑스 바로크 행진곡의 특징은 붙점을 많이 사용하는 것입니다.

고별 교향곡

하이든이 〈고별 교향곡〉에 숨겨 놓은 메시지

하이든은 스물아홉 살에 헝가리 에스테르하지 가의 궁정음악가로 고용되어 예순 살이 넘을 때까지 일했습니다. 그는 성품이 너그럽고 유쾌해 윗사람에게 신임을 얻고 아랫사람에게 사랑과 존경을 받았습니다. '파파 하이든'이라는 별명으로 불릴 만큼 오케스트라 단원들은 악장 하이든을 아버지처럼 여기며 의지했습니다.

헝가리의 명문가 귀족이자 오스트리아 원수를 지낸 니콜라우스 에스테르하지는 대단한 음악 애호가였습니다. 자신도 악기 연주를 할 수 있었으며 하이든의 음악을 좋아해 전폭적으로 지원해 주었습니다.

음악을 즐기는 마음이 과했을까요? 에스테르하지는 여름에 별궁에서 피서를 즐기며 몇 달간 오케스트라 단원들을 집에 돌아가지 못하게 했습니다. 무리한 연주 일정에 견디다 못한 단원들은 '파파 하이든'을 찾아가 니콜라우스 공에게 휴가를 주십사 청해 달라고 부탁합니다. 그러나 아무리 니콜라우스 공에게 전폭적인 지지를 받던 하이든이라도 고용주에게 휴가를 달라고 청하기는 어려운 노릇이었습니다. 당시는 계급 질서가 매우 엄한 사회였으니까요.

하이든은 주인에게 휴가를 달라고 직접적으로 말하지 않으면서도 단원들의 뜻을 전달할 수 있는 방법을 생각해 냈습니다. 교향곡의 마지막 악장을 연주하던 오케스트라 단원들이 하나둘씩 의자에서 일어나 무대 뒤로 사라지는 퍼포먼스를 한 것입니다. 이렇게 계속 무리하게 일을 시키면 단원들이 모두 떠나고 말 거라는 메시지를 전

서울 시향의 〈고별 교향곡〉 4악장 연주 장면으로 연주자가 몇 명 남지 않았다

달한 것입니다.

이 공연을 본 에스테르하지는 다행히 하이든의 의도를 파악하고 "모두 돌아갔으니 나도 돌아가야겠군!"이라고 말하며 오케스트라 단원들에게 휴가를 주었다고 합니다. 훗날 이 교향곡은 〈고별 교향곡〉이라 불리게 됩니다. 18세기 말 출판업자가 붙인 제목이라고 합니다. 단원들의 불만을 음악으로 에둘러 주인에게 전달한 하이든의 기지가 번뜩이는 작품입니다.

지금도 〈고별 고향곡〉을 연주할 때 하이든이 했던 퍼포먼스를 그대로 재연하곤 합니다.

⏱ 60-1
하이든, 〈고별 교향곡〉, 4악장
하이든의 퍼포먼스를 그대로 재연한 공연입니다. 단원들이 하나둘씩 가벼운 발걸음으로 퇴장하고 지휘자가 당황해하는 모습이 코믹하게 그려집니다.

프리메이슨과 모차르트

모차르트는 정말 비밀 조직원이었을까?

음악밖에 모를 것 같은 천재 모차르트가 사실은 사회 전복을 꿈꾸는 혁명 당원이었다면 믿겨지나요? 18세기 유럽은 철저한 신분 사회였습니다. 왕족과 귀족, 교회의 고위 성직자는 부유하게 살면서 큰 권력을 휘둘렀습니다. 그러나 대다수의 사람은 매우 가난하게 살았습니다. 모차르트는 이러한 사회가 변화하길 간절히 소망했습니다.

당시 유럽에서는 계몽주의 정신을 이어받아 사회 변혁을 꿈꾸는 단체가 만들어졌는데, 바로 1717년 영국에서 결성된 '프리메이슨'입니다. 프리메이슨은 자유주의, 개인주의, 합리주의적 태도로 관용과 박애 정신을 강조하는 비밀 결사 조직이었는데 괴테, 모차르트, 조지 워싱턴 등이 회원이었다고 알려져 있습니다.

모차르트가 죽던 해 마지막으로 남긴 오페라 〈마술피리〉는 삶에 대한 모차르트의 고뇌와 깊이를 느낄 수 있는 작품입니다. 〈마술피리〉의 줄거리는 다음과 같습니다.

밤의 여왕은 왕자 타미노에게 악당인 자라스트로에게 끌려간 파미나 공주를 구해 오라고 명령합니다. 그리고 파미나 공주를 데려오면 결혼시켜 주겠다고 약속합니다. 타미노는 하인 파파게노와 함께 모험을 떠납니다. 그런데 알고 보니 악인이라 여겼던 자라스트로는 사실 현명한 철학자였습니다. 오히려 밤의 여왕이 악당으로, 마피나 공주에게 자라스트로를 죽이고 태양 장식을 빼앗아 오라고 명령한 것이지요. 우여곡절 끝에 타미노 왕자는 난관을 헤치고 파니마 공주를 구합니다. 태양이 떠오르고 아름다운 두 쌍의 연인, 타미노와 파미나, 파파게노와 파파게나는 자라스트로의 축복 속에 행복에 겨워 노래를 부릅니다. 삶을 사는 데에 역경은 반드시 있으며, 이를 지혜롭게 극복하면 행복에 이를 수 있다는 메시지를 주는 오페라입니다.

현명한 철학자인 자라스트로가 사는 성은 바로 모차르트가 가입한 프리메이슨의 이

모차르트(오른쪽 끝)가 참여한 프리메이슨 회합의 모습

상을 구현한 곳으로 자유, 평등, 사랑이 넘치는 세계로 묘사됩니다. 또 자라스트로가 합창단과 함께 부르는 〈오, 이시스와 오시리스여〉라는 장엄한 합창곡은 이집트 고대 신인 이시스와 오시리스에게 기도하는 노래입니다. 실제로 프리메이슨은 기독교에 반대하고 이집트의 고대 종교와 의식에 관심이 많았다고 합니다.

모차르트는 자국어인 독일어로 이 작품을 썼습니다. 당시 오페라는 무조건 이탈리아어로 쓰는 관습이 있었습니다. 그러나 모차르트는 이탈리아어를 모르는 서민도 쉽게 이해할 수 있도록 독일어로 오페라를 작곡했습니다. 대화를 할 때는 노래가 아닌 말(대사)로 처리하여 마치 뮤지컬처럼 이해하기 쉬운 오페라를 만들었습니다. 음악의 천재가 마지막으로 남긴 오페라는 서민이 이해하기 쉽도록 자신이 꿈꾸는 세상을 표현한 작품이었습니다. 모차르트는 생활고로 어려움을 겪으면서도 마지막 오페라 〈마술피리〉에 혼신의 힘을 쏟아 부었습니다.

⊘ 61-1
〈마술피리〉 중 '파파게노 파파게나 이중창'
〈마술피리〉에서 빠질 수 없는 또다른 인물인 파파게노와 파파게나가 만나 사랑에 빠져 청혼하며 부르는 노래입니다. 코믹한 가사와 밝은 선율이 무척 재미있습니다.

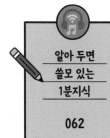

바이엘, 체르니, 하농

피아노 교재 이름이
사실은 사람 이름이었다?

피아노를 처음 배울 때는 『바이엘』 교재로 시작해 『체르니』와 『하농』 연습곡집을 순서대로 배워 나갑니다. 이 교재 제목은 사실 모두 피아노 연습곡을 만든 작곡가들의 이름입니다. 『바이엘』을 만든 페르디난트 바이어Ferdinand Beyer(1803~1863)는 독일에서 태어난 작곡가이자 피아니스트로 슈베르트, 쇼팽과 비슷한 시대를 산 낭만주의 시대 음악가입니다.

『바이엘』은 체계적으로 구성되어 있어 다양한 테크닉을 빠르게 배울 수 있습니다. 그런데 한국, 일본, 러시아, 미국에서 널리 사용되고 있지만 유럽에서는 바이엘을 많이 사용하지 않는다고 합니다.

『바이엘』을 익힌 후에 배우는 교재가 바로 『체르니』입니다. 보통 '체르니 몇 번 치느냐?'고 물어서 연주 능력을 가늠하곤 합니다. 카를 체르니Carl Czerny(1791~1857)) 역시 작곡가이자 피아노 교사로서 이름을 널리 떨친 사람입니다.

어려서부터 신동으로 두각을 나타낸 체르니는 베토벤의 제자가 되어 피아노를 배웠습니다. 베토벤은 체르니의 연주를 매우 좋아했고, 두 사람은 많은 편지를 주고 받았습니다. 이 편지들은 베토벤의 일상을 연구하는 중요한 자료가 되었습니다. 체르니는 비엔나에서 인기 있는 피아노 선생님으로 수많은 상류층 자제들을 가르쳤습니다. 그의 제자 중 가장 유명한 사람은 작곡가이자 피아니스트 리스트입니다. 리스트는 스승인 체르니를 존경해 체르니의 작품을 자주 연주했습니다.

손가락 움직임 연습에 효과적인 피아노 교재 『하농』

프랑스의 피아노 교육자인 샤를 루이 아농Charles Louis Hanon(1819~1900)은 『하농』을 만든 작곡가입니다. 프랑스어에서 H는 발음하지 않아서 아농이라 부릅니다. 『하농』은 같은 음형을 반복해서 연습하는 곡들로 구성되어 있어 손가락 움직임을 익히는 데 매우 효과적인 교재입니다.

『바이엘』, 『체르니』, 『하농』은 19세기 한창 피아노 음악이 발달하던 시기에 당대 가장 유명한 피아노 교육자들이 어떻게 하면 효과적으로 피아노를 가르칠 수 있을지 연구하여 만든 결과물입니다. 피아노 연주의 기본이 모두 담긴 교재이니, 차근차근 열심히 연습하다 보면 어느새 깜짝 놀랄 만큼 연주 실력이 향상될 것입니다.

◈ 62-1

체르니, 〈네 손을 위한 피아노 협주곡〉
체르니는 연습곡 외에도 많은 작품을 남겼습니다. 한 피아노에 두 명이 앉아 연주하는 이 협주곡은 낭만주의 시대의 분위기를 물씬 풍기는 격정적이고 매력적인 작품입니다.

클래식계의 원조 아이돌

19세기 유럽에도 아이돌이 있었다?

음반이나 음원이 없던 19세기 유럽에도 아이돌이 있었습니다. 믿기 힘들 만큼 엄청난 기교로 사람들을 매료해 전 유럽의 스타로 활약한 파가니니와 리스트입니다.

이탈리아에서 태어난 니콜로 파가니니Niccolò Paganini(1782~1840)는 베토벤, 슈베르트, 멘델스존과 동시대에 살았던 작곡가이자 바이올리니스트입니다. 파가니니의 부모는 어릴 때부터 탁월한 재능을 보인 파가니니를 혹독하게 연습시켰습니다. 그는 이탈리아 전국을 돌며 연주 여행을 했는데, 신들린 솜씨로 많은 사람을 탄복시켰습니다. 사람들은 그가 악마에게 영혼을 팔아 뛰어난 기교를 얻었다고 생각해 파가니니를 '악마의 아들'이라고 불렀습니다.

본인도 딱히 이러한 루머를 부정하지 않았다고 합니다. 파가니니 스스로 악마적 기교를 지녔다고 생각하고 이미지 메이킹에 활용했던 것 같습니다. 헝클어진 머리와 흐트러진 옷, 괴팍한 성격, 기이할 정도로 커다란 코, 사람을 꿰뚫어보는 듯한 눈빛을 한 파가니니는 악마나 해골과 함께 삽화로 그려지곤 했습니다.

헝가리 태생인 프란츠 리스트는 파가니니보다 30년 정도 후의 음악가로 작곡가이자 피아니스트입니다. 열두 살 때 열린 연주회에서 베토벤이 그의 연주를 듣고 리스트의 이마에 키스를 했다는 일화가 남아 있습니다. 리스트는 스무 살 때 처음으로 파가니니의 연주를 듣고 크게 감동받아 '피아노의 파가니니'가 되겠다고 결심합니다. 그리고 열심히 연습해서 유럽에서 가장 기교가 뛰어난 피아니스트가 되었습니다.

신들린 솜씨로 바이올린을 연주하는 파가니니

　그는 피아노 실력을 과시하기 위해 최초로 암보로 독주회를 열었습니다. 이후 피아니스트들을 독주회 때 반드시 암보로 연주해야 하는 관행이 생겼지요. 많은 오페라 작품과 성악 작품을 피아노곡으로 편곡해 연주했습니다. 잘생긴 외모와 탁월한 피아노 실력을 자랑하는 그는 수많은 왕족, 귀족 부인들과 염문을 뿌렸습니다. 그러나 젊은 시절 화려한 인기를 누린 그는 말년에 종교에 귀의해 가톨릭 사제가 됩니다. 참으로 파란만장한 삶을 살았지요? 리스트의 음악은 바그너의 음악처럼 진보적이며 화성이 복잡합니다.

63-1
영화 〈파가니니〉 중 명장면
당시 공연을 재연한 영화를 통해 파가니니가 얼마나 큰 인기를 끈 아이돌 스타였는지 알 수 있습니다. 배경으로 나오는 음악은 파가니니의 대표곡 〈24개의 카프리스〉입니다.

63-2
리스트, 〈파가니니 에튀드 6번〉
파가니니의 〈24개의 카프리스〉를 피아노곡으로 편곡한 작품으로, 고난이도의 기교가 필요한 연습곡입니다.

오페라 주제

오페라도 대중음악처럼 유행이 있을까?

16세기 후반 피렌체의 귀족 조반니 바르디 백작의 저택에서 음악가, 인문학자, 작가 등이 모여 고대 그리스 비극을 공부하는 모임을 열었습니다. 그들은 고대 그리스 비극이 대사가 아니라 운율이 있는 노래로 공연되었다는 것을 알고, 대사를 강세와 리듬이 있는 형식으로 표현하는 양식을 창안했는데 이것이 오페라의 시작입니다.

초기 오페라는 대부분 그리스 신화를 주제로 만들어졌습니다. 특히 오르페우스의 이야기는 인기가 많아서 자그마치 30여 편이나 만들어졌다고 합니다. 하프를 잘 연주한 미남 오르페우스가 아내 에우리디체를 지옥에서 구해오는 이야기는 음악을 소재로 한 감동적인 이야기였기 때문입니다.

고전주의 시대로 넘어오면서 오페라의 주인공은 귀족이나 왕족으로 바뀝니다. 이 시대 대표적인 오페라 작곡가는 모차르트입니다. 18세기는 귀족과 평민의 갈등이 고조되어 프랑스 혁명이 일어난 시기입니다. 따라서 이러한 사회 현상을 풍자한 오페라가 많이 만들어집니다. 꾀 많은 하인 피가로가 욕심 많은 주인 알마비바 백작을 골탕 먹이는 이야기인 〈피가로의 결혼〉이 유명합니다.

19세기 낭만주의 시대에는 문학작품을 음악으로 표현하려는 시도가 많았습니다. 프랑스 작곡가 구노는 괴테의 명작 『파우스트』를 오페라로 작곡했습니다. 이 시대 대표적인 오페라 작곡가는 베르디와 바그너입니다. 이탈리아의 베르디와 독일의 바그너는 음악적 성향과 소재가 완전히 다릅니다. 베르디는 사회 풍자나 사랑 이야기로 오페라를 만들었고, 바그너는 게르만 역사와 신화를 모티브로 음악극을 만들었습니다.

19세기 말에 접어들면 작곡가들의 관심은 사회적으로 소외된 하층민에게 향합니다. 대표적인 작곡가로 비제와 푸치니가 있습니다. 비제의 〈카르멘〉은 스페인 담배공장에서 일하는 집시 여인의 이야기입니다. 푸치니는 〈라 보엠〉에서 파리 뒷골목의 가난한 예술

오페라 〈오르페오〉 중 한 장면

가들의 삶을 오페라로 만들었습니다. 이는 당시 미술과 문학에서 불던 사실주의 운동에 영향을 받은 것입니다. 19세기에는 유럽 국가들이 아시아와 아프리카, 남미를 식민지로 만들면서 이국적 소재에 대한 관심 또한 높아졌습니다. 스리랑카가 배경인 비제의 〈진주조개잡이〉, 일본이 배경인 푸치니의 〈나비부인〉, 중국이 배경인 〈투란도트〉 등의 오페라가 인기를 끌었습니다.

20세기에 1, 2차 세계대전을 겪으며 음악가들은 전쟁에 관한 오페라를 만들었습니다. 베르크는 1차 세계대전에 참전한 후 〈보체크〉라는 작품을 만들었습니다. 가난하고 따돌림당하던 병사 보체크는 연인 마리가 바람을 피우자 격분하여 그녀를 죽이고 자신도 물에 빠져 죽습니다. 전쟁을 배경으로 하는 어둡고 슬픈 오페라입니다.

예술 작품에는 당대의 사회상이 반영될 수밖에 없고, 오페라도 마찬가지입니다. 유럽 역사의 흐름과 함께 오페라를 감상하면 이해의 폭을 더욱 넓힐 수 있습니다.

⊘ 64-1
몬테베르디, 〈오르페오〉 중 '하늘의 장미여'
몬테베르디는 가장 유명한 〈오르페오〉 오페라를 작곡한 음악가입니다. 주인공 오르페오가 사랑의 기쁨을 노래하는 곡입니다.

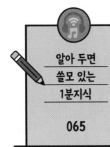

아방가르드 음악

피아노를 치지 않는 피아노곡이 있다고?

세계대전이 끝난 후인 1960년대에 들어, 젊은이들은 전쟁을 일으킨 부모 세대의 가치관을 거부했습니다. 사회와 문화 전반의 변혁을 요구하며 프랑스의 68혁명과 미국의 베트남전 반전 운동, 전위 예술(아방가르드) 운동에 나섰고, 자유로운 히피 문화가 큰 흐름을 이루었습니다.

클래식 분야에서도 실험적인 움직임이 일어납니다. 대표적인 아방가르드 작곡가 존 케이지John Cage(1912~1992)는 발명가의 아들로 로스앤젤레스에서 태어났습니다. 선불교에 심취한 케이지는 음악과 소리의 차이점이 무엇인지에 대한 의문을 던지며, 작곡가는 소리를 지배하려는 욕심을 가져서는 안 된다고 생각했습니다.

그의 유명한 작품 〈4분 33초〉는 악보가 없습니다. 피아니스트가 무대에 조용히 나와 피아노 앞에 앉아만 있습니다. 어리둥절한 청중이 수군거리며 웅성대는 동안 4분 33초가 지나가면 피아니스트는 자리에서 일어나 청중에게 인사하고 퇴장합니다. 케이지는 이러한 소동에서 생성된 모든 소리가 음악이라고 생각했습니다.

존 케이지는 발명가의 아들답게 기발한 아이디어를 내기로 유명했습니다. 다양한 소리를 내고 싶어서 피아노 줄 위에 못이나 나사, 고무 지우개 등 다양한 물건을 끼워 넣은 피아노를 만들었습니다. 이렇게 소리를 조작한 피아노를 '프리페어드 피아노prepared piano'라고 부릅니다.

자유를 중시하는 1960년대의 분위기에 맞춰 연주자의 자율성을 극도로 보장하

피아노의 현에 포크를 끼워놓은 '프리페어드 피아노'

는 음악, 즉 '우연성 음악'도 등장합니다. 연주자에게 여러 쪽으로 된 악보를 주고, 어떤 쪽을 먼저 연주할지 주사위나 동전을 던져서 악보의 순서를 정하기도 했습니다. 사실 클래식 작곡가들은 새로운 음향을 찾아가는 개척자라고 할 수 있습니다. 예술가에게는 새로운 시도가 무엇보다도 중요하기 때문입니다.

⌚ 65-1
존 케이지, 〈4분 33초〉
이 동영상은 아무 소리도 나지 않습니다. 연주자는 그저 4분 30초 동안 가만히 의자에 앉아 있다 퇴장하기 때문이죠.

⌚ 65-2
존 케이지, 〈소나타와 간주곡〉
'프리페어드 피아노'로 연주하는 곡입니다. 생각보다 소리가 재미있고 신나는 곡입니다.

전자음악

전자음악도 클래식이 될 수 있을까?

1960년대 음악계에서 벌어진 새로운 실험 중 하나는 전자기기의 사용이었습니다. 지금은 컴퓨터로 음악을 만드는 일이 당연하지만, 당시에는 신시사이저와 컴퓨터를 이용해 음악을 만든다는 것은 매우 혁신적인 실험이었습니다.

이러한 실험을 한 대표적인 작곡가가 죄르지 리게티Győrgy Ligeti(1923~2006)입니다. 그는 아내와 함께 소련의 위성국이 된 헝가리를 탈출해 독일로 옵니다. 소련의 검열로 인해 자유롭게 음악 활동을 할 수 없었기 때문입니다. 처음으로 전자음악을 접한 리게티는 그동안 상상하던 음악을 전자음악으로 실현할 수 있음을 알게 됐습니다.

온화한 성품의 리게티는 한국이 낳은 세계적 작곡가 진은숙의 스승이기도 합니다. 그의 음악은 현대 음악 중에서도 비교적 대중에게 널리 알려진 편입니다. 스탠리 큐브릭 감독의 1968년 작품 〈2001: 스페이스 오디세이〉의 영화음악으로도 사용되었습니다. 달의 모습을 표현할 때 리게티의 〈대기atmosphere〉라는 관현악곡이 사용됩니다. 이 곡은 무려 다섯 옥타브에 걸친 모든 음을 한꺼번에 연주합니다. 이렇게 여러 음들을 한꺼번에 눌러 연주하는 기법을 '톤 클러스터tone cluster'라고 부릅니다. 번역하면 '음의 덩어리'라고 할 수 있겠습니다. 이렇게 여러 음을 동시에 연주하면 마치 소음 같은 기괴한 소리가 납니다. 리게티의 음악이 달과 우주를 보여 주는 화면과 어우러져 전위적인 느낌마저 줍니다. 리게티의 음악은 영화감독들에게 사랑받아 마틴 스콜세지의 〈셔터 아일랜드〉, 개러스 에드워즈의 〈고질라〉 같은 작품에 사용되었습니다.

또 다른 전자 음악의 대가는 독일 출신의 카를하인츠 슈톡하우젠Karlheinz Stockhausen (1928~2007)입니다. 2차 세계대전으로 부모를 잃고 고아가 된 슈톡하우젠은 온갖 노동을 하며 힘들게 살면서도 음악에 대한 열정으로 쾰른 음악대학에서 공부했습니다. 1950년대부터 현대 음악의 흐름을 주도한 프랑스 작곡가 메시앙과 젊은 제자들은 독일 다름슈타트

전자음악의 대표 음악가 카를하인츠 슈톡하우젠

에서 매년 여름 음악 캠프를 열었습니다. 작곡가들이 모여 자신의 아이디어를 소개하고 음악이 나아가야 할 방향을 모색하는 이 캠프는 현대 음악의 산실이 되었습니다. 이 캠프에서 새로운 음악을 접한 슈톡하우젠은 파리에 가서 메시앙의 제자가 되어 전자 음악에 관심을 갖게 됩니다.

슈톡하우젠의 초기 걸작인 〈소년의 노래〉는 베네딕토 수도회의 노래를 하는 소년의 목소리를 전자적으로 가공하고 음향을 결합한 작품입니다. 또 다른 대표작은 〈기분Stimmung〉입니다. 가수 여섯 명과 마이크를 사용해 인간의 목소리와 전자 음향을 결합한 작품입니다. 가수들은 예수, 알라, 인도의 시바 신, 이집트의 신 오시리스, 제우스, 비너스 등 신의 이름을 계속 반복해서 읊조립니다. 마치 염불처럼 들리는데, 실제로 슈톡하우젠은 동양 종교에 관심이 많았다고 합니다.

66-1
리게티, 〈대기〉
영화 〈2001 스페이스: 오디세이〉의 주제가로 사용된 곡입니다. 사이먼 래틀이 지휘합니다.

66-2
슈톡하우젠, 〈기분〉
여러 종교의 신들을 계속 부르는 매우 몽환적인 곡입니다.

영화 음악

영화 음악과 클래식 음악의 경계는?

영화에는 다양한 클래식 음악이 나옵니다. 또한 새롭게 작곡된 영화 음악에는 다양한 클래식 악기가 사용됩니다. 따라서 영화 음악과 클래식 음악은 자주 경계를 넘나들며, 무대에서 함께 연주되기도 합니다.

영화 〈빌리 엘리어트〉는 1980년대 쇠락해 가는 영국 탄광촌에 사는 소년의 이야기입니다. 빌리는 우울하고 스산한 동네에서 엄마 없이 아빠, 형과 살고 있습니다. 그는 우연히 발레 클래스에 등록하고 여자아이들 틈에서 발레를 배우기 시작합니다. 아버지는 남자는 권투나 레슬링을 하는 거라며 발레를 반대하지만 빌리는 발레를 그만두지 않습니다. 그리고 영국에서 가장 유명한 로열 발레 스쿨에 합격합니다. 영화 마지막에 자라서 발레리노가 된 빌리가 〈백조의 호수〉를 연기하는 장면이 나옵니다. 차이콥스키 음악에 맞춰 높게 도약하는 빌리의 모습은 힘든 상황을 이기고 자신의 길을 찾은 주인공의 삶을 보여줍니다.

영화 〈쇼생크 탈출〉에 나오는 모차르트 오페라 〈피가로의 결혼〉 중 '편지의 2중창' 장면도 감동적입니다. 아내를 살해했다는 누명을 쓰고 감옥에 갇힌 앤디는 감옥 도서관에서 모차르트 LP판을 발견합니다. 그는 감옥에 있는 사람들에게 모차르트의 음악을 들려줍니다. 수감자들은 스피커에서 나오는 음악의 제목도 가사의 뜻도 모르지만 모차르트 음악을 듣는 그 순간만큼은 자유를 만끽합니다.

대표적인 영화 음악가인 엔니오 모리코네의 〈가브리엘의 오보에〉는 클래식 연주회에서 자주 연주될 정도로 아름 다운 명곡입니다. 일본 영화 음 악 작곡가인 히사이시 조도 유명 합니다. 히사이시 조는 무명 작 곡가였지만 지브리 스튜디오의 애니메이션 주제가를 작곡하면 서 유명해졌습니다. 〈하울의 움 직이는 성〉, 〈이웃집 토토로〉,

영화 〈쇼생크 탈출〉에서 모차르트 음악을 트는 주인공 앤디

〈센과 치히로의 행방불명〉, 우리나라 영화 〈웰컴 투 동막골〉의 OST가 그의 작품입 니다. 히사이시 조의 음악만을 모아 연주하는 음악회도 자주 열립니다. 클래식 음악 회에 가는 것이 살짝 부담스럽다면 우리 귀에 익숙한 영화 음악 콘서트로 시작해 보 는 것도 좋은 방법입니다.

🕐 67-1

영화 〈빌리 엘리어트〉와 〈백조의 호수〉

빌리 엘리어트는 유명한 발레 무용수가 됩니다. 원래 여자가 추는 춤이지만, 빌리는 남자가 표현하는 역동적 인 백조를 보여줍니다.

🕐 67-2

영화 〈미션〉 중 '넬라 판타지아'

'가브리엘의 오보에'는 대중에게 큰 사랑을 받고 훗날 성악곡으로도 불렸습니다. 성악곡의 제목은 '넬라 판타 지아'입니다.

🕐 67-3

영화 〈하울의 움직이는 성〉 중 '인생의 회전목마'

인생은 어쩌면 회전목마 같은 것이 아닐까요? 반복적인 선율이 회전목마를 표현합니다. 히사이시 조가 직접 지휘하고 피아노를 연주하는 영상입니다.

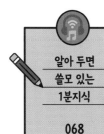

푸르트벵글러, 카라얀, 아바도

베를린 필하모닉 오케스트라를 이끈
삼인삼색의 지휘자들

1882년 창립한 베를린 필하모닉 오케스트라는 세계 최고의 오케스트라로 손꼽힙니다. 베를린 필하모닉 오케스트라의 역대 지휘자 중 클래식 음악사에 이름을 남긴 세 지휘자에 대해 알아보겠습니다.

첫 번째는 독일 출신의 빌헬름 푸르트벵글러Wilhelm Furtwängler입니다. 1922년부터 1954년까지 베를린 필을 이끌었으며, 베토벤과 바그너를 탁월하게 해석한 것으로 유명했습니다. 그가 그만둔 후 새 지휘자가 연습을 시키는데 평소와 달리 단원들이 긴장해서 열심히 하더랍니다. 푸르트벵글러가 관객석에 서 있었기 때문으로, 그는 존재만으로도 분위기를 압도하는 카리스마가 있었습니다. 그러나 종전 이후에는 나치에 협력한 음악가로 비난받고 지휘자 자리에서도 쫓겨나 힘들게 살았습니다. 몇 년 후 베를린 필에 복귀했지만, '친나치주의자'라는 꼬리표는 평생 그를 따라다녔습니다.

푸르트벵글러의 뒤를 이어 무려 35년간 베를린 필을 이끈 사람은 20세기의 대표적인 지휘자 헤르베르트 폰 카라얀Herbert von Karajan입니다. 화려한 무대매너로 유명한 그는 악보를 다 외워서 지휘한다는 걸 보여 주기 위해 일부러 눈을 감고 다른 사람의 부축을 받으며 무대에 오르기도 했습니다. 군더더기 없고 거침없이 진행하는 그의 음악은 속이 뻥 뚫리는 것처럼 시원합니다. 그가 음반과 영상매체를 많이 남겼기 때문에 대중은 좀더 쉽게 클래식 음악을 접할 수 있었습니다. 클래식의 대중화에 큰 공헌을 한 것입니다. 그의 지휘 동영상은 지금도 유튜브에서 쉽게 찾아볼 수 있습

왼쪽부터 빌헬름 푸르트벵글러, 헤르베르트 폰 카라얀, 클라우디오 아바도

니다. 또한 그는 조수미 씨를 후원한 것으로도 유명하지요. 동양의 무명 소프라노를 발탁해 '신이 내린 목소리'라고 칭찬하고 함께 연주했습니다.

카라얀의 뒤를 이어 베를린 필을 이끈 지휘자는 이탈리아 출신 클라우디오 아바도Claudio Abbado입니다. 밀라노의 유력한 음악가 가문에서 태어난 그는 유명한 라스칼라 극장의 지휘자로 활동합니다. 카라얀이 사망한 후 무티, 마젤, 솔티, 바렌보임 등 쟁쟁한 후보자를 제치고 아바도가 베를린필의 수장이 되었습니다. 독재적이었던 푸르트벵글러, 카라얀과 달리 아바도는 단원들과 민주적 소통을 시도합니다. 단원들은 아바도의 민주적인 연습 방식에 매우 놀랐습니다. 또한 그는 블레즈 등 20세기 작곡가들의 작품을 연주하며 새로운 시도를 많이 했습니다. 그러나 카리스마는 좀 부족했다고 합니다. 베를린 필 지휘자는 한 번 임명되면 종신 지휘자로 죽을 때까지 지휘하는 것이 전통이었습니다. 그러나 단원들과 불화를 겪고 2000년 위암 판정까지 받은 아바도는 2002년에 베를린 필 지휘자에서 중도 하차합니다. 지휘자가 템포를 정하지 않고 단원들에게 의견을 물어 연습 시간이 매우 길어지거나, 난해한 현대 음악을 자꾸 무대에 올려 단원들의 불만이 컸다고 합니다. 그는 위암에서 회복된 이후 스위스 루체른에서 음악 페스티벌을 운영하는 등 활발한 활동을 이어나갔습니다. 또한 청소년 음악 교육에 관심이 많아 청소년 관현악단을 두 개나 만들 정도로 깊은 애정을 보였습니다.

이츠하크 펄먼

행복을 연주하는 바이올리니스트

세계적 바이올리니스트인 이츠하크 펄먼Itzhak Perlman(1945~)은 유대인으로 이스라엘에서 자랐습니다. 네 살 때 소아마비에 걸려 다리가 불편했지만 음악에 탁월한 재능을 보여 텔아비브 음악원에 입학해 바이올린을 배웁니다. 열세 살 때 미국 유명 토크쇼인 에드 설리번 쇼에 나가 유명세를 탄 펄먼은 미국으로 이민해 줄리아드 음악학교에 들어갑니다. 이반 갈라미언과 도로시 딜레이에게 가르침을 받은 펄먼은 세계적인 바이올리니스트로 성장합니다.

펄먼은 클래식 연주만 고집하지 않았습니다. 아이들에게 바이올린의 아름다움을 알려주기 위해 어린이 프로그램인 〈세서미 스트리트〉에 출연해서 바이올린을 연주했습니다. 또한 유태인 학살을 주제로 한 영화 〈쉰들러 리스트〉 OST를 연주하기도 했습니다. 유대인으로서 이스라엘에서 성장한 이차크 펄먼은 이 영화의 주제가 자신에게 매우 중요하며, 역사를 알고 느끼는 것이 희생자들에게 조금이나마 도움이 되었으면 좋겠다고 말했습니다. 그는 그래미상을 열다섯 번이나 수상하고, 미국 정부로부터 세 번 훈장을 받았습니다.

그는 펄먼 재단을 만들어 젊은 예술가를 발굴하고, 재주 있는 학생들을 가르쳤습니다. 그는 가르치면서 많은 것을 배울 수 있다고 늘 말합니다. 지금도 뉴욕에서 많은 학생을 지도하고 있습니다. 그는 이후 명문 줄리어드 음악학교의 교수가 되었습니다. 요즘은 연주뿐만 아니라 지휘도 하고 있습니다.

〈세서미 스트리트〉에 출연한 이츠하크 펄먼

　　사생활 면에서도 1966년에 결혼한 후 다섯 자녀의 아버지이자 다정한 남편으로
서 연주와 개인 생활을 균형 있게 유지한 가정적인 연주자로 살고 있습니다. 그의 푸
근한 미소와 겸손한 태도에서 인품이 배어납니다. 그의 삶이 궁금한 분들은 다큐영
화 〈이차크의 행복한 바이올린〉을 보시면 좋을 것 같아요.

⟳ 69-1
영화 〈쉰들러 리스트〉의 주제가
〈스타워즈〉, 〈인디아나 존스〉, 〈죠스〉, 〈해리포터〉 등을 작곡한 유명 작곡가 존 윌리엄스의 작품입니다. 조용
한 전주가 끝나고 바이올린이 애잔하고 슬픈 선율을 연주합니다.

⟳ 69-2
영화 〈시네마 천국〉 중 '러브 테마'
세계적인 영화음악가 엔리꼬 모리꼬네의 대표작 〈시네마 천국〉의 OST를 펄먼의 바이올린 선율로 들어보세요.

카잘스

평화를 사랑한 첼리스트

첼리스트 파블로 카잘스Pablo Casals(1876~1973)는 스페인 카탈루냐의 작은 도시에서 태어났습니다. 아버지가 교회 오르가니스트였던 카잘스는 어린 시절부터 음악적 분위기에서 자랐습니다. 열한 살 때 첼로를 배우기 시작했고 바르셀로나 음악원에서 공부했습니다.

카잘스가 열세 살 때 아버지와 바르셀로나의 고서점에서 낡은 악보 한 뭉치를 발견했습니다. 바흐의 아내인 안나 막달레나가 필사한 〈무반주 첼로 모음곡〉의 악보였습니다. 여섯 곡으로 이루어진 이 작품은 당시에 연습곡 정도로 인식되어 전곡으로 연주하지 않고 따로따로 연주했습니다. 카잘스는 무려 12년간 이 곡들을 연습하고 악보를 정리하여 하나의 작품으로 완성했고, 스물다섯 살 때 처음으로 무대에서 연주했습니다. 카잘스가 연주한 후 첼리스트에게 이 작품은 성경처럼 중요한 레퍼토리로 자리 잡았습니다.

카잘스는 노동자들도 쉽게 클래식 공연에 왔으면 좋겠다는 생각에 물 한 잔 값만내면 볼 수 있는 음악회를 열었습니다. 카잘스의 노력에 많은 노동자들이 환호했습니다. 그의 업적을 기리기 위해 스페인에는 카잘스의 이름을 딴 도로까지 생겼습니다.

그가 예순 살 때 스페인 내전이 일어나 독재자 프랑코 장군이 스페인을 장악했습니다. 카잘스는 파시스트인 프랑코 정권에 반대했습니다. 프랑코 장군의 보좌관은 '카잘스가 잡히기만 하면 두 팔을 잘라버리겠다'고 위협했습니다. 카잘스는 어쩔 수 없이 정든 고향을 떠나 프랑스의 작은 도시 프라드에서 은둔생활을 할 수밖에 없었습니다. 카잘스는 10년 가까이 무대에서 연주를 하지 않았습니다. 그러자 절친한 친구인 바이올리니스트 슈나이더가 카잘스에게 프라드에서 음악제를 열자고 설득했습니다. 시게티, 제르킨, 아이작 스턴 등 세계적인 음악가가 프라드에 왔습니다. 음악제에서 벌어들인 수익금으로 난민을 위한 병원을 설립했습니다. 독재 정권에 항거하고 사회적 약자도 클래식 음악을 즐길 수 있도록 노력한 모습은 후대의 음악가들에게 모범이 되었습니다.

파블로 카잘스

그는 아흔여섯 살로 세상을 떠날 때까지 매일 연습했다고 합니다. 왜 그렇게 연습하느냐는 질문에 웃으며 '왜냐하면 내 연주 실력이 아직도 조금씩 향상되고 있기 때문이지요'라고 답했다는 카잘스. 그의 아름다운 미소가 그립습니다.

🕑 70-1

캐럴 〈새들의 노래〉
이 곡은 카잘스의 고향 스페인 카탈루냐 지역의 민요이자 크리스마스 캐럴입니다. 캐럴답지 않게 구슬픈 선율이 가득합니다. 프랑코 정권의 독재를 피해 고향을 떠나 죽을 때까지 고국에 가지 못한 카잘스는 거의 모든 연주회의 마지막 곡으로 이 작품을 연주했습니다.

🕑 70-2

하이든, 피아노 트리오 〈집시〉 중 2악장
카잘스는 절친한 피아니스트 코르토, 바이올리니스트 티보와 함께 트리오를 결성해서 활동했습니다. 이들은 전설적인 트리오로 불렸지요. 이 곡은 평안하고 아름다운 선율이 듣기 편한 곡입니다.

칼라스, 파바로티

목소리로 세계를 사로잡은 성악가

여성 성악가 하면 가장 먼저 떠오르는 인물들 중 한 명이 마리아 칼라스Maria Callas (1923~1977)입니다. 1923년 미국 뉴욕의 그리스 이민자 가정에서 태어난 칼라스는 어린 시절 부모가 이혼한 후 엄마와 함께 그리스로 건너갑니다. 아테네 음악원에서 성악을 배운 칼라스는 몸집이 큰 편이어서 외모에 콤플렉스가 있었다고 합니다. 하지만 고음역대를 잘 소화할 뿐만 아니라 기교와 표현력이 뛰어나 그리스 오페라 무대에서 인정받게 됩니다.

1947년 이탈리아로 떠난 칼라스는 처음에는 무대에서 그다지 주목받지 못했습니다. 그러다 사업가 조반니 메네기니를 만나 후원을 받으며 활동 무대를 넓히게 됩니다. 1949년 스물여덟 살 연상의 메네기니와 결혼한 칼라스는 이후 10년간 세계에서 가장 유명한 소프라노 중 한 명으로 군림합니다.

세계 유수의 오페라 극장에서 다양한 오페라의 주인공을 맡아 활약하던 칼라스는 1958년 파리 공연에서 그리스 선박왕 오나시스를 만납니다. 오나시스와 사랑에 빠진 칼라스는 남편을 버리고 집을 나갑니다. 이혼하지도 못하고 오나시스와 안정적인 관계를 유지하지도 못한 상황에서 칼라스는 계속 무대에 섰지만 전성기만큼의 실력을 발휘하지는 못했습니다. 더구나 오나시스는 칼라스를 배신하고 케네디 대통령의 미망인인 재클린 케네디와 결혼합니다. 사랑과 커리어 모두 실패한 칼라스는 우울증과 불면증으로 힘들게 지내다 1977년 수면제 과다복용으로 사망합니다.

마리아 칼라스

그녀의 목소리는 카리스마가 넘치며 힘이 있습니다. 또한 연기력이 매우 뛰어났습니다. 칼라스의 라이벌로 꼽힌 레나타 테발디는 곱고 감미로운 목소리의 소유자로 칼라스와 정반대 스타일이었습니다. 외모도 테발디는 선이 곱고 아름답지만 칼라스는 굵은 눈썹이 인상적인 강한 얼굴을 갖고 있습니다. 팬들은 칼라스파와 테발디파로 나뉘어 서로 싸우거나 난동을 부리기도 했습니다.

루치아노 파바로티Luciano Pavarotti(1935~2007)는 1935년 이탈리아 모데나에서 태어났습니다. 아버지는 빵집을 운영했는데 아마추어였으나 뛰어난 미성을 가진 테너였습니다. 아버지는 성가대에서 활동했으며 파바로티는 어린 시절부터 아버지가 노래하는 모습을 보고 자랐습니다.

놀랍게도 파바로티는 음악원이나 음악 대학교를 다닌 적이 없습니다. 그는 스무 살 때 테너 아리고 폴라 앞에서 노래를 부른 후 실력을 인정받아 2년간 무료로 레슨을 받았고, 에토레 캄포갈리아니에게 4년간 성악을 배웠습니다. 파바로티는 20대에 생계를 위해 초등학교 보조교사, 보험 설계사 등으로 일했습니다. 그는 성격이 낙천적이고 사람을 좋아해서 다른 사람보다 훨씬 높은 보험 판매 실적을 올렸다고 합니

루치아노 파바로티

다. 1961년 스물여섯 살에 파바로티는 오페라 무대에서 데뷔합니다. 그리고 아두아 베로니와 결혼해 세 딸을 낳습니다. 파바로티는 아이들을 매우 사랑하는 따뜻한 아빠였습니다. 그러나 평생 화려한 여성편력을 자랑하던 바람둥이였지요. 결국 아내와 이혼하고 서른다섯 살 연하의 비서 만토바니와 재혼했습니다.

최고의 인기를 누린 호주 소프라노 조안 서덜랜드의 고민은 키가 너무 크다는 것이었습니다. 서덜랜드는 키 크고 풍채 좋은 테너를 찾고 있었는데 그때 파바로티를 만났습니다. 이들은 14주간 호주에서 오페라 공연을 했고, 이때 파바로티는 서덜랜드에게 성악 기법을 많이 배웠습니다.

파바로티의 공연 중 가장 유명한 것은 1990년 로마에서 열린 〈3테너 콘서트〉입니다. 당대 최고의 테너인 플라시도 도밍고, 호세 카레라스, 루치아노 파바로티가 함께 1990년 로마 월드컵 전야제에 한 공연으로 실황 음반이 무려 1,500만 장 이상 팔렸다고 합니다. 기네스북 사상 가장 많이 팔린 클래식 음반이라고 하네요. 이후 1994년 미국 월드컵, 1998년 프랑스 월드컵, 2002년 한일 월드컵에서도 〈3테너 콘서트〉가 열렸습니다. 파바로티가 췌장암에 걸리는 바람에 2006년 독일 월드컵에서는 공연이 열리지 않았습니다.

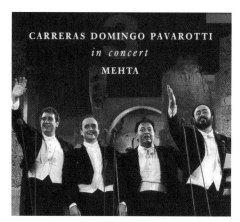

3테너 콘서트 실황 음반 표지

　파바로티는 뚱뚱한 몸매에 연기력이 부족했고 이탈리아 오페라만 불렀습니다. 독일어, 프랑스어, 러시아어 오페라까지 모두 섭렵하며 탄탄한 연기를 보여준 플라시도 도밍고에 비해 오페라 가수로 한참 모자랐습니다. 외모도 도밍고가 더 잘생기고 몸매도 좋았습니다. 그러나 파바로티에게는 빛나는 목소리가 있었습니다. 그의 목소리는 너무나 아름다웠으며 밝고 깨끗한 고음을 자랑했습니다. 〈3테너 콘서트〉처럼 재미있는 음악회를 열어 클래식 음악의 장벽을 낮추고 널리 알렸다는 것도 큰 업적입니다.

⊘ 71-1

〈노르마〉 중 '정결한 여신이여'
칼라스가 가장 좋아한 오페라 〈노르마〉에서 여사제인 주인공이 달의 신에게 평화를 기원하며 부르는 노래입니다.

⊘ 71-2

〈오 솔레 미오〉 - 3테너 콘서트 중
가장 대표적인 이탈리아 민요 〈오 나의 태양〉을 세 명의 테너, 파바로티, 도밍고, 카레라스가 함께 부르는 명장면입니다. 빛나는 태양처럼 밝고 경쾌한 멜로디의 곡입니다.

음악은 우리 삶을 어떻게 변화시킬까?
_음악의 역할

눈에 보이지도 않고 만질 수도 없는 음악이 우리의 삶을 어떻게 달라지게 할 수 있을까요? 기분이 나쁠 때, 외로울 때 음악을 들으며 우리는 기분을 풉니다. 아름답고 신나는 음악을 들으며 행복해하기도 합니다. 음악은 늘 우리 주위에 있는 보이지 않는 친구 같은 존재라고 할 수 있겠습니다. 아주 오래전부터 사람들은 음악을 통해 위로와 행복을 얻었습니다.

오랫동안 사람들에게 사랑받은 아름다운 작품이 클래식에는 많습니다. 클래식은 인류의 오랜 역사 속에서 예술가들이 심혈을 기울여 만든 음악입니다. 그 안에는 한 시대를 산 인간의 기쁨과 눈물, 지고한 이상과 자연의 아름다움 등 다양하고 흥미로운 이야기들이 많이 담겨 있습니다. 그러나 이 책에서 읽었듯이 그 이야기들이 전문적이거나 난해하지만은 않습니다.

그러니 새로운 취미를 키우는 마음으로 부담 없이 클래식 음악에 다가갔으면 좋겠습니다. 마음이 차분해지고 싶을 때 잔잔한 클래식 음악을 유튜브에서 검색해 들어도 좋고, 차 안에서 라디오로 클래식 방송을 들어도 좋습니다.

'해설이 있는 콘서트'나 '영화 음악 콘서트'처럼 클래식 초보를 위한 음악회에 가 보는 것도 좋은 방법입니다. 라이브로 음악을 들으면 훨씬 더 풍성한 음악적 경험

야외 클래식 공연을 즐기는 사람들

을 할 수 있습니다. 즐겁게 나들이 가듯 편한 복장으로 가까운 공연장을 찾는 것을 추천합니다. 인터넷에서 검색해 보면 1~2만 원으로 볼 수 있는 공연을 찾을 수 있습니다.

집 근처 문화센터나 학원에서 관심 있었던 악기나 성악을 배워도 좋습니다. 연주에 익숙해지면 나중에 학교 또는 사회인 오케스트라나 합창단에서 활동할 수 있습니다. 함께 음악을 만들어가는 것은 큰 재미와 기쁨을 줍니다.

그렇게 음악이라는 새로운 친구에 다가가는 여정에 이 책이 길잡이 역할을 할 수 있기를 바랍니다. 아는 만큼 보인다는 말처럼 배경 지식이 있으면 클래식 음악을 이해하기가 더 쉽습니다. 그러나 학습하듯이 공부할 필요는 없습니다. 가장 중요한 것은 여러분이 그 음악을 직접 듣고 느끼는 기쁨과 감동입니다.